Hessisch
fäer
Labbeduddel

von **Frank Fodderwestje**

ISBN-13: 978-1542428590
3. Auflage, Januar 2018

IMPRESSUM
Frank Fodderwestje, Frankfurt am Main
E-Mail: Frank.Fodderwestje@gmx.net
facebook.com/**FrankFodderwestje**

INHALT

Vorbemerggung

Ei Guuude, ihr liewe Leutd. Wie dann? *[Hallo, ihr lieben Leute. Wie geht's?]* Isch bin's wieddäer – de Fodderwestje's Frank ausem scheene Hesseland hier, gell. Herzzlisch willkomme eusch allminannäer zesamme *[alle miteinander zusammen]*, bei *Hessisch fäer Labbeduddel*!

Isch freu misch wärkklisch riesisch, däss ihr all do seid. *[Ich freue mich wirklich riesig, dass ihr alle da seid.]*

Ihr wolltd also gernn Hessisch lernne oddäer euern Hessischkenntdnisse, wo weesche deem ganzse Hochdeutsch un englische Kauderwelsch-Gebabbel vielleischtd schonn e bissi eigerostded sin, uffboliere *[aufpolieren]*? Oddäer ihr wollt euern hessische Spraachhorrizont un Worttschatz noch e bissi erweidäern? ☺👍Bingo! Dann seid ihr hier genau an de rischdische Schdell, gell!

Hessisch babble, leese un schreibe is gar net so schweer, wie mansch aanäer viellaascht maant *[wie manch einer vielleicht meint]* un mäscht uff jeedefall Sinn. Weil schdell där ma vor *[stell dir mal vor]*, die schee hessisch Spraach wörd aanes Daaches ärschendwannema ausgerodded werre *[würde eines Tages irgendwann einmal ausgerottet werden]*, so wie annodutzemol die Dinnosauriejern *[wie anno dazumal/damals die Donosuarier]* un die ganzse grooße Ellefande, wo in de Staazeit *[Steinzeit]* midde schweere Kwadraatschlabbe *[mit den großen Füßen/Schuhen]* dorsch de Taunus gedabbt *[gegangen/getappt]* sin. Däs wär jo net eifach nur e bissi ärschäerlisch *[ein bisschen ärgerlich]* gell, däs wär die abbseluddе Subbäerkaddastroof *[die absolute Superkatastrophe]* – wie, als wörd en Meddeoritt von obbe aus'm Weltraum uff

Hesse druffdozze *[uffdozze = einschlagen/aufschlagen]* un en riesische Kraadäer *[Krater]* hinnäerlosse *[hinterlassen]* – Jesses, Kerlle naa! *[Jesus, Kerl(e) nein (oh Mann!)]*

Abbäer mär wolle ja net die Abbogalibbs *[die Apokalypse]* an die Wand male, gell.

De modernne, gebildedde Hesse von heut wäckst jo in de heudische Zeit *[in der heutigen Zeit]* in de Reeschel dreispraachisch uff un babbelt *[redet/schwätzt]* nebbäer sei Muddäerspraach (wenn iwwerhaabt *[wenn überhaupt]*) alleridd *[ständig/permanent]* Hochdeutsch un Englisch un allsema aach noch *[und manchmal auch noch]* so komblizierde Dingäer wie Franzseesisch *[Französisch]*, Iddaljeenisch *[Italienisch]* oddäer Poddogiesisch *[Portugiesisch]*, däss mär als Oddo-Normalhesse nur Schieneesisch *[Chinesisch]* verschdehe duud, wo ei'm Spaanisch vorkimmt.

Oddäer die Leutd babbele sisch so e Kauderwelsch-Geworschtdel *[Kauderwelsch-Gewurstel/Mischmasch]* aus Deutsch un Englisch zesamme, däss mär grad fottlaafe kinnt *[dass man fortlaufen könnte]*. Däs sin all so modernne Ferzz *[moderne Fürze = Unnötiges]*, waaßtde *[weißt du]*. Do kännt isch grad verriggt werrn du. *[Da könnt ich gerade verrückt werden.]*

Däs sogenannde *Denglisch* babbelt jo aach de schwääbisch' EU-Komiggäer do *[da dieser schwäbische EU-Komiker]* – ei hier, de Öddinger Günder. Aldäer Schlabbekiggäer. Ei de Simbelskobb gibbt so Dingäer von sisch wie: »Lädies änd Schendelmänn, mei Nääm is Günder Öddinger. Ei äm se EU-Komischer for ditschitel Äckonokommicks. In se Kreddit-Bransch bloos e nasser Wind. Batt Ei belief, sätt wie känn du it, olltugesser wiss Godds Help«, un so weidäer gell *[und so weiter]*.

Übbäerleeeeesch däer dässema – wosse Schand *[Überleg dir das mal – welch eine Schande]*. Wenn's net so traurisch *[traurig]* wär, könnt mär jo weenischsdens noch drübber lache gell. Ei wass dann? Wer soll dann den Scheißdregg do verschdehe?

Apro Po *Scheißdregg*. Heutzedaach *[Heutzutage]* lernne die Kinnäer in de Schuul jo aach all'n *[allen]* (un)mööschlische Mist, wo kannäer braach' *[den keiner braucht]*. Alles, nur ebbe kaa Hessisch. Un däs, obwohl neustde wissenschaftdlische Stuudjien von ärschendwelsche subbäerschlaue Babbelspezjalisde *[von irgendwelchen superschlauen Sprachspezialisten]* un hoochindeleggduelle Lingualexperdde *[hochintelligente Lungualexperten]* eindeudisch beleesche *[belegen]*, däss Dialeggde däs Spraachgefiehl *[Sprachgefühl]* un die Babbelfähischkeide *[Sprachfähigkeiten]* von de Kinnäern förddern duun. Kaan Scherzz gell. Ei die habbe nämlisch rausgefunne, däss Kinnäer, wo mit Dialeggde uffwackse, spädäer viel leischder annäern Spraache lernne könne, als wie annäern Kinnäern, wo nur Hochdeutsch in de Waldoofschuul gelernnt habbe. Däs' de Hammäer oddäer?

Ei, woss nützt däs aa'm, wemmäer sein' Naame dannse kann, abbäer sei eischen' Muddäerspraach net mehr kennt? *[Was nützt es einem, wenn man seinen Namen tanzen kann, aber seine Muttersprache nicht mehr kennt?]*

Isch maan, mir Hesse *[Ich meine, wir Hessen]* sin zwar ganzs guud dodebei *[gut dabei]*, bei de Fottflanzserei *[Fortpflanzung]* un so weidäer gell, abbäer desdeweesche *[deswegen]* vermehre mir uns jo aach noch lang net audomaddisch explusjoonsarddisch *[automatisch explosionsartig]*, wie die Karniggele im Gemiesegardde *[wie die Kaninchen im Gemüsegarten]*. Im Geeschesatz zu deene ganzse Eigeplaggtde *[in Hessen sesshaft gewordene Einwanderer]* un annäern Auswärddische *[Auswärtige]*, wo von dehaam *[zuhause]* fottlaafe un aus alle Egge, Kande un Reggjoone bei uns ins scheene Hesseland neikomme, un aafange Hochdeutsch, Bayrisch, Rheinländisch, Bärlinäerisch, Säcksisch, Ruhrpott-Schläng oddäer woss waaß isch *[was weiß ich]* net noch woss fäer doll

Zeusch ze babbele. Hier! Nix geesche die annäern gell; um Goddes Wille! Abbäer mit Hessisch habbe die doch all nix mit am Huut. Ei woheer dann aach? Von nix kimmt halt ebbe aach nix – vom Urknall jetzzema abgesehe, gell.

De Vaddäer mit seine üwwer 90 Jahrn, kann däs mit demm Muldikuldi do jeedefalls net begreife un säscht immäer: »Es will mer net in de Kobb enoi, wie kann en Mensch net von Hesse soi! *[Es will mir nicht in de Kopf, wie ein Mensch nicht aus Hessen sein kann]*«

Isch maan, wenn isch mein' ganzse Krembel zesammeraff *[Krempel zusammenraffe/-packe]* un mit Rind un Keeschel *[abgeleitet v. Kind und Kegel]* inne annäer Land abmach *[in ein anderes Land auswandere]*, ei dann muss isch doch aachemo dodezu in de Laach sei *[in der Lage sein]*, misch vorher ma bissi midde Sidde, Gebräusch, de Gefloocheheide *[Gepflogenheiten]* un de Babbelgulduär *[Sprachkultur]* vertraut ze mache. Weil wenn de als Neuankömmling kaan Hessisch verstehe, geschweischedenn räedde *[reden/sprechen]* kanns', ei wie willstde dann in Hesse übbäerhaabt übbäerlebbe un uff'n griene Zweisch komme *[auf einen grünen Zweig kommen]*? Wie soll'n däs gehe?

Isch will jetzz aach net de krimmelkaggende Kuhrindeschissäer *[krümelkackender Korinthenscheißer = Klugscheißer/Pedant]* raushänge losse hier, gell. Abbäer schdell där ma vor *[stell dir mal vor]*, en Bärlinäer kimmt ärschendwo in Hesse in die Baggstubb *[Bäckerei]* nei un säscht: »Juuten Tach. Ick hätte jerne zwee Krapfen, wa! *[Guten Tag, ich hätte gerne zwei Krapfen (Berliner)]*«

Waaßtde woss isch maan? *[Weißt du was ich meine?]* Ei do fängt däs Eelend doch schonn aa *[an]*, Kerlle naa.

Dann muss sisch de Auswärddischen aach net dodedrübbäer wunnere *[darüber wundern]*, wenn die freundlische, hessische Teischwaarenfachve'käuferin *[Backwarenfachverkäuferin]* dodedruff entgeeschend *[daraufhin entgegnet]*: »Do sin Se hier ve'kehrtd. De Fischlaade is geeschrüwwer uff de annäern Straaßeseit. De Nääschsde bidde...! *[Da sind Sie hier falsch. Der Fischladen ist gegenüber auf der anderen Straßenseite. Der Nächste bitte...!]*«

Do kannstde als wascheschde Hesse schonnema aus de Bucks hibbe du *[aus der Hose springen = verrückt/böse werden]*. Weil mir saache halt ebbe net *Krapfen* oddäer *Berliner*, sonnäern *Krebbel* oddäer *Kräbbelsche* dadodezu *[dazu]*, gell!

Däs sin all so vermeindlische Klaanlischkaade *[Kleinigkeiten/"Kleinlichkeiten"]* waaßtde, wo de als aagebaggene, alteigesessene hessische Ureinwohnäer grad die puddelnaggisch Krängk *[pudelnackische Krankheit = es is zum Verrückt werden]* krieje könnt's *[kriegen/bekommen könntest]*.

Woss isch eusch dodemitd verkliggere *[verklickern = sagen/erklären]* will is, däss es in mansche Fäll aach dorschaus verboodene Wörddern gebbe duud, die wo *[die/welche]* fäer'n *[für einen]* Auswärddische, wo ka Ahnung von nix hot *[der keine Ahnung hat]*, zum Fallstrigg werre *[werden]* könne.

Un net ze allerletzt aach desdeweesche habb isch mir allsema wieddäer die Mieh gemacht *[habe ich mir schon wieder die Mühe gemacht]* un en klaane Mundartt-Spraachführäer fäer (zukünfdisch) Eigeplaggtde, auswärddische Besuchäern un aach fäer einhaamische Eigerosdede geschribbe hier, däss sisch aach wärkklisch jeedäer Labbeduddel dodezu uffrafft, aaständisch Hessisch ze babbele.

Hier! Net, däss mer uns falsch verstehe gell. Däs soll jetzz net haaße, däss jeedäer wo däs Buch do leese duud, gleischzeidisch aach en Labbeduddel is, wie äer im Buch steht, gell – naa, naa.

Es gibbt jo aach die ganzse Büschern do fäer *Dummies* ze alle (un)mööschlische Theeme, wie baaschbielwaase *Chinesisch für Dummies*, *Arabisch für Dummies*, *Telefonieren auf Englisch für Dummies* un so weidäer gell.

Fäer woss *[Wofür/Wozu]* soll'n däs übbäerhaabt guud sei – e Englisch-Dellefoonbuch *[Telefonbuch]*? Wosse Bläädsinn. Däs is doch kaa Kunst: Flieschstde uff die Insel nübbäer, laatschs' in London in so e roode Dellefoonzell nei, heebs' de Häeräer von de Gawwel *[hebst den Hörer von der Gabel]*, hälts' dei Öhrsche an die Muschel, schmeißt e baar Pund in de Schlitz enei, dreehs' paar mol an de Wählscheib un ruufs' dehaam aa un säschst, däss de dribbe uff de Insel heil aagekomme bist – ferddisch! Do braach' mär doch ka Dellefoonierbuch dodefier *[Da braucht man doch kein Telefonbuch dafür]*. Ei fäer wass dann? *[Wozu denn?]* Im Zeitaldäer von de Händie-Schmarttfoons mäscht däs doch kaan Sinn. Däs sinn all so unnöödische Ferzz *[Unnötiges/unnötiger Unsinn]*, waaßtde!

Ei jo, mansche Sache sin heutzedaach halt ebbe so iwwerflissisch wie e gammlisch' Worscht *[überflüssig wie eine gammlige Wurst]*. Woss willst'n mache, gell?

Ei, is jo aachema Worscht jetzz.

Uff jeedefall – die Leutd, die wo do die Bischäer fäer *Dummies* *[die Bücher für Dummies]* do so leese duun, habbe jo jetzz aach net all aanäer am Abbel *[am Apfel/hier i.S.v. Kopf]*. Guud, mansche vielleischt schonn, gell.

Wobei isch dodezu saache muss, däss so'n Tiddel *[Titel]* wie *Alzheimer für Dummies* schonn e bissi grenzwerddisch *[grenzwertig]* is. Kein Witz, gell. Däs gibbt's wärkklisch. Musstde ma im Indernett guggele.

Do därff mär sisch dochema die bereschdischtd Fraach stelle *[Da darf man sich doch mal die berechtigte Frage stellen]*: Woss habbe die sisch dann dodebei gedengkt?

Es gibbt halt ebbe nix, wosses net gibbt. Woss willst'n mache?

Bevor isch hier noch de roode Faade verlier, jetzzema heidäer weidäer im Klaardext.

Ei wo issäer dann? Wo war isch dann übbäerhaabt stehegeblibbe?

Aaaaah, sch'waaßes wieddäer *[Ich weiß es wieder]*. In de englische Dellefoonzell – gell?

Uff jeedefall wolle mer ja net, däss ärschend en *[irgend ein]* Auswärddische, wo beabsischdischt, sisch in Hesse eizenissde *[einzunisten]* oddäer schonn sesshaftd worre *[geworden]* is, noch ärschend en Scheißdregg *[i.S.v. Blödsinn]* babbelt un sisch dann dodedrübbäer wunnäert, däss sisch kaanäer mit dem Dollbabbler *[Dummschwätzer]* unnerhalde will.

Hier! Net däs mär uns jetzz falsch verstehe, gell – Dollbabbler, Dummschwätzer, Bambelschnuude un wie se all heiße, gibbt's aach unner de Hesseköbb leidäer Goddes so einische.

Isch maan, es kann aa'm im Leebe eischendlisch nix besseres bassiere, als wie als Hesse uff die Weltd ze komme, gell. De liewe Gott hot's wärkklisch guud mit uns gemaant.

Ei wo de Herrgott annodutzemol die Dialeggde erschaffe gehabbt hot, war fäer de Hesse als Aanzsischstde *[als Einzigsten]* kaan Dialeggt üwwerisch geweese. Däs's de Hammäer du. Un do hot de Herrgott zum Hesse gesäscht (Isch maan allsema es wär de Hessekiel geweese oddäer wie de Kerll haaßt.): *Hier bass uff! Sei net traurisch, dann babbelstde halt ebbe wie isch – ferddisch!*

Desdeweesche säscht mär jo heut aach, Hessisch is die Spraach von de Göddern, gell.

Uff jeedefall muss mär sisch als Eigeplaggtde net unnöödisch unner Drugg setze. Weil Hesse kann mär so'n'so net werre; Hesse muss mär halt ebbe sei, gell. Mär kann abbäer als unbedarfftde Auswärddische oddäer Zugewanderde weenischsdensema *[wenigstens mal]* so duun, als wördd mär sisch fäer die Gulduär *[Kultur]* un Leebensart indressiere duun.

Un mär gewäehnt *[gewöhnt]* sisch jo aach an alles, gell. Ganz besonnäers *[besonders]* an unsäern guude Äppler *[kurz für:*

Apfelwein]. Wemmäer e baar mol in de Äbbelwoistubb *[Apfelweingaststätte-/stube]* eigekehrt is un däs Stöffsche *[das Stöffchen = alternative Bezeichnung für Apfelwein]* sisch in de Rache neigeschütt' hot, will mär's immäer wieddäer habbe. Wemmäer unsäern geheilischde Göddäertrobbe *[geheiligter Göttertropfen = Apfelwein]* reeschelmääßisch vom Bembel *[Apfelweinkeramikkrug]* ins Geribbde *[geripptes Glas = Apfelweinglas]* zische *[zischen]* lässt un in de Hals enoi *[in den Hals hinein]* kibbt un dodebei aach nochen scheene Handkääs mit Mussigg vertilscht *[vertilgt]*, is däs fäer so'n Flüschtdling oddäer annäern zugereistde Neuankömmling uff jeedefall schonnema *[schon mal]* en hervorraachende Aafang fäer sisch in Hesse eizeleebe un ze akklimaddisiere, wie mär so schee säscht, gell. Weil nebbe demm Erlernne von de schee hessisch' Spraach is mär grad aach beim Schobbe petze *[Schoppen petzen = Apfelwein trinken]* un Handkääs esse uff jeedefall uff'm besde Weesch zur Indegratzjoon. Un grad aach die wundäersamme Wäerggung *[wundersame Wirkung]* vom Stöffsche därff mär net unnerschätze.

Isch saach immäer, hauptsach es basst dorsch de Hals un mäscht schwinnelisch, gell. *[Hauptsache es passt durch den Hals und macht schwindelig]*

Soo is däs!

Hier, ihr Leutd! Jetzz nur kei Pannik uff de Tittannik, gell. Hessisch is wärkklisch ganzs leischt ze lernne; weil mir Hesse schreibe nämlisch ha-genau so wie mir babbele. Un es wärd jo bekanndlisch aach nix so haaß g'esse, wie's allsema in de Deifelskisch gekocht wärd, gell. *[Und es wird ja bekanntlich nichts so heiß gegessen, wie es manchmal in der Teufelsküche gekocht wird, nicht wahr?]*

Ei mein Urgrooßvaddäer, der wo Scheffschiffskoch in de Kombüüs bei de Maggariene geweese is, waaßtde, hot immäer gesäscht: *Alles im Loot uff'm singkende U-Boot*, öddäer so ähnlisch gell. Es kann aach *Alles in Buddäer uff deem löschrische Kuddäer* geweese sei – woss waaß isch. Es kimmt jo uff's gleische druff raus, gell.

Uff jeedefall, de Urobba (**Uffbasse!** *[Aufpassen!]* Net de *U-Robba*, gell; de *Ur-Obba* *[Ur-Opa]*!) is jo dermaaße schlaachferddisch *[schlagfertig]* geweese hier, däss de Kerll jeeden wo em *[der ihm]* ärschendwie blääd 'komme *[blöd gekommen]* is, im Spraachfluss ersoffe hot. Ohne sei Schlaachferddischkeit wär de Urobba uff jeedefall schonn viel friehjer baade g'ange *[viel früher baden gegangen/untergegangen]* – däs kann isch där saache du.

Ei wass dann? De Hesse is halt ebbe von Naduur aas net uff die Gosch *[Mund]* gefalle. Die Babbelschnuud steggt bei uns in de Geene drin.

In de Reeschel isses jo soo, dässen Auswärddische, wo zum erstdema midde hessische Schlaachferddischkeit konfrondiert wärd, erstdema midde offene Kauleist unnem bläääde Gesischtdsausdrugg dosteht, wie de Hornnocks vorm Bersch *[wie der Ochs' vorm Berg]*. Woss willst'n mache? Do stehstde machtloos wiesawie *[Da kann man nichts machen/darauf hat man keinen Einfluss]*.

Isch maan, es is jo jetzz aach ka Schand, wenn en Eigeplaggtde ka perfeggt Hessisch net babbelt, solang de Simbel versteht, woss mär vonnem will. Weil Hesse sin jo im Allgemeine dollerande un gedulldische Leutd, wo aach en gewisses Verschdändnis dodefäer uffbringe *[dafür aufbringen]*, wenn's beim Auswärddische net immäer so ganzs rund laafe duud – rein weerbaal gesehe, gell. Un dodevon ma ganz abgesehe, is jo aach noch kaan Meisdäer obbe vom Himmel runnergefalle. (Dodefier umso mehr Luscheköbb hier, gell. Klaa Scherzzje am Rand. *[Kleiner Scherz am Rande]*)

Wie aach immer – de Babbedeggel *[Pappdeckel/Karton]* midde Bläddäern un de Buchstabbe, wo ihr grad so schee neigugge duud, hilft em Neuhesse uff jeedefall dodebei, en rischdische

Hesse in de Frankfodder Geeschend *[Frankfurter Gegend]* un drummerum einwandfrei ze verstehe. Däs is doch schonnema ebbes *[etwas]* oddäer? Un die Schlaachferddischkeit kimmt bei reeschelmääßischer praggdischäer Anwendung midde Zeit ganzs von elaans *[ganz von alleine]*.

Do setzt mär sisch eifachema in alläer Gemiedlischkeit inne schee Äbbelwoistubb *[Apfelweinstube/-Gaststätte]* oddäer so'n Bembel-Tembel nei un unnerhältd sisch gefleescht ma bissi midde Leutdschäer *[mit den Leutchen]*. Un de Äppler is jo net nur sehr gesund, sonnäern förddäert jo aach die Kreadiwwidääd.

Woss isch vorhind *[vorhin]* noch saache wollt: Däs Zeusch woss die do obbe in Hessisch-Sibierjen *[Nord-Hessen]* oddäer do unne im Oodewald (*Ourrewald*) babbele gell, däs steht wieddäer uff'm ganz annere Blatt Babier *[Papier]* geschribbe.

Hessisch is halt ebbe aach net gleisch Hessisch. So kann där's in Hesse bassiere *[So kann es dir in Hessen passieren]*, wenn de von dei'm eischene Heimaatstandortt nuär zehn Killomeedäer weidäer ins näschstgeleesche Dorff fährstd, däss de maanst, de wärs' uff'm annere Plaaneede geland', weil de do uff aamol kaanäer *[keinen/niemanden]* mehr verschdehe duust. Verriggt, gell? Mär muss wärkklisch saache, die Viellfalt vom hessische Dialeggt is aanzsischarddisch *[einzigartig]* uff de Weltd. Do känne mer zereschtd aach ebissi stolz druff sei.

Uff jeedefall wolle mir uns ausschließlisch uff däsjeenische Hessisch konzenndriern, wo in de Rhein-Main-Geeschend rund um Frankfortt *[Frankfurt]*, Darmmstadt *[Darmstadt]*, Wissbaade *[Wiesbaden]* un so weidäer gebabbelt wärd – so wie sisch däs gehäert un wie däs unnäer annäerm aach de Bodo Bach, de Maddin Schneider oddäer de Hänni Nachtsheim un de Gerd Knebel von *Badesalz* babbele.

Däs Buch beuscht uff jeedefall dodegeesche vor, ärschend en dolle Kabbes zesammezebabbele *[Das Buch beugt auf jedenfall dagegen vor, irgendeinen Blödsinn zu reden]* oddäer ebbes in de falsche

Hals enei ze bekomme un sollt' jeedem noch so traafunzselische *[tranfunzeligem]* Labbeduddel dodebei helfe, zur rischdische Zeit die rischdische Wordde ze finne. Weil wemmäer sisch net ze arddiguliere waaß *[zu artikulieren weiß]* oddäer ebbes übbäer die Lauschäern *[die Ohren]* in die falsche Gehäernhälft bekimmt, dann kann däs schonnema fäer unguude Stimmung sorjsche *[sorgen]* un zu Missverständnisse führe.

Im Worscht-Kääs-Zehnarrijo *[Wurst-Käse-/Worst-Case-Szenario]*, wie mär so schee säscht gell, blaabt däs dann net bei de werbaale Aasenannäersetdzung *[verbale Auseinandersetzung]*, weil jo so'n spraachlische Konfliggt aachema im Eifäer des Worttgefeschtds ganz schnell aachema ejakuliere *[eskalieren]* kann, wenn de Pesch host. So e Rumdissbedierererei *[verbaler Streit]* kann im ungünstdischstde Fall aachema innem bluudische Fratzegeballäer *[blutige Schlägerei]* ende – ratzifatzi is die ligge Dibb... äh, die Libbe digg. Alles schonn erleebt.

Isch maan, de Oddo-Normalhesse is jo anfäersisch *[an und für sich]* von Naduur aas friedferddisch ve'anlaacht *[friedfertig veranlagt]*, gell. Ei isch saach immäer, wenn alle Leutd so entspanntd un kuul druff wäre wie mir Hesse, dann wördd's ka Terroristde un annern Schweerve'breschäern uff de Weltd gebbe.

Guud, isch maan, es gibbt aach immäer ma wieddäer vereinzelt e baar Kaode unnäer de Iddijoode *[Chaoten unter den Idioten]*, die maane de Fännblogg im Frankfodder Stadjonn abfaggele ze misse. So Debbe sinn abbäer uff gar kaan Fall repressendadief fäer unsäer scheenes Hesseland. Raudies, Bollerköbb un annäern Aarschgeische gibbt's halt leidäer Goddes üwwerall uff de Weltd. Woss willst'n mache?

Jeedefalls, wemmäer an de Rischdische *[an den Richtigen]* geräät, kann ei'm en falsches Wortt aachema zum Gefängnis werre *[zum Verhängnis werden]*. Abbäer die meisde Hesse sin jo wie gesäscht, friedferddische Mensche, wo kaanäer doode

Aabeemigg aach nur e Flitschje abrobbe könne *[die keiner toten Schmeißfliege auch nur ein Flügelchen ausrupfen/ausreißen können]* un wo getreu deem Moddo leebe: *Bevor isch misch uffreesch, isses mer liewwer egaal [Bevor ich mich aufrege, ist es mir lieber egal].*

E bessäere Leebensfillosoffie kann mär net habbe.

Woss isch eusch dodemitd verkliggere will is *[Was ich euch damit sagen/erklären will ist]*, dässe Spraachbarjeer' *[dass eine Sprachbarriere]*, wo de aane de annäern net verstehe duud, uff gar kaan Fall zu ärschendwelsche zwischemenschlische Verspannunge oddäer ejakulierende Aggressjoone *[eskalierende Agressionen]* führe därff. Woss dodebei rauskomme kann, däs hot mär jo annodutzemol beim Tormmbau von Babbel g'sehe, gell – ei die Schdorrie *[engl.: Story]* aus de Bibbel, wo die däs Törmmsche do schebb uffgestellt habbe *[wo die dieses Türmchen da schief aufgestellt haben]*, weil die allminannäer alls dorschenanner gebabbelt *[alle zusammen durcheinander geredet]* un sisch geescheseidisch uff de Nischel gehaache habbe *[gegenseitig die Köpfe eingeschlagen haben]*, weil uff aamol *[auf einmal]* kaanäer de annern mehr verstanne hot – verstehstde? Es kann jetzz aach sei, däss isch däs grad mit ärschendwoss annerm verwecksel – woss waaß isch *[was weiß ich]*. Isch bin jo aach kaan stuudierde Historriggäer *[Historiker]* oddäer Bibbeljothekaar *[Bib(e)liothekar]* gell.

Isch maan, mir sin jo aach all ziwwellesierde Leutd *[zivilisierte Leute]* un net bei de Neandäertalern, die wo unner Schlachferddischkeit verstanne habbe, sei'm Koolleesch *[Kollege]* ohne Vorwarnnung aans midde Keul uff die Banatzel *[Gesicht]* ze klobbe.

Soo, un jetzz leest eusch däs Büschelsche ma uffmerggsamm *[aufmerksam]* dorsch un guggt emo do nei, woss do so alles fäer Dingäer drin geschribbe schdehe.

Isch wünsch eusch uff jeedefall viel Spass dodemitd!

1. Hessische Reschtschreibreescheln

Wie in jeede annäern Spraach aach *[Wie in jeder anderen Sprache auch]*, gibbt's aach im Hessische selbstverfreilisch *[selbstverständlich]* einische *[einige]* grammaddikaalische Reschtschreibreescheln *[Rechtschreibregeln]*, wo mär *[die man]* beim Schreibe beachde muss.

ⓘ Däs Besonnere beim Hessische is, dässes im Geeschesatz zum Hochdeutsche, fäer viele Wörddern, wo die gleische Bedeudung habbe, unnerschiedlische Schreibweise gebbe **kann**. Weil mim hessische Dialeggt is däs nämlisch so, wie als wenn mär Buntwäsch mit Weißwäsch bei neunzsisch Grad in de Wäschmaschien zesammewäsche duud – es gibbt Verfärbbunge!

En Beischbiel dodefier is däs Wortt *übbrischens* *[übrigens]*, däs mär aach so schreibe kann: *iwwerischens*. Däs liescht unner annerm dodedraa, weil de Hesse beim Babbele oft en Weesch find' däs *Ü* ze umgehe un däs dorsch *i*, *ie*, *e*, *ä* oddäer aach allsema dorsch *äe* ersetzt (→ siehe Reeschel 13 weidäer unne).

Außäerdeem sprischt de Hesse mansche Wörddäern mit *bb* oft e bissi geschmeidischäer aus – sprisch: *awwer* statt *abbäer* *[aber]* oddäer *iwwerleesche* anschdatt *übberleesche* *[überlegen]* un so weidäer. Alle genannde Schreibweise sin awwer im Prinzipp rischdisch, aach wenn so manscher Hesse die Ecksisstenz vom Buchstaabe *Ü* vielleischt leuschend *[leugnet]*! Wemmäer däs *Ü* im Hessische wärkklisch völlisch ignoriere un immäer konsekwend üwwergehe wörd, dann wörd zum Beischbiel aus'm *Schüler* en *Schieler*, gell. Ausem klaane

Fücksje *[Füchschen]* wörd e *Ficksje*. Däs häert sisch dann unbeabsischdischt viellaascht ebissi öbszöön aa. Un *Tschissi* anstell von *Tschüss*, säscht aach kein Mensch.

Uffbasse! Wenn mär die hessisch' Spraach erstdema verinnäerlischtd hot, isses sehr, sehr schwierisch, se wieddäer looszewerre *[loszuwerden]*, woss jo im Prinzipp aach de Sinn von de ganzse Veranstaldung is.

Reegchel 1: Mär schreibt wie mär babbelt. *[Man schreibt wie man's spricht]*

Ganz wischdisch, däss mär sisch däs immäer im Hinnäerkobb behält! *[Wichtig, dass man sich das immer im Hinterkopf behält.]*

Reegchel 2: Bei hochdeutsche Addjekdiefe *[Adjektiven]*, Werbbe *[Verben]* un Noome *[Nomen]*, wo *[die]* uff *n* ende, eifach däs *n* hinne wegglosse.

Uffbasse! Es genüüscht (maanetweesche aach *geniescht* *[genügt]*) net immäer eifach nur hinne däs *n* fottzestreische *[wegzustreichen]*, mär muss nadierlisch *[natürlich]* aach immäer gleischzeidisch uff die korreggtde hessische Schreibweis achde, gell!

➤Beischbiele:

- singe**n** – singe
- lache**n** – lache
- Rache**n** – Rache
- rauche**n** – raache
- flenne**n** – flenne

- Deppe**n** – Debbe
- Lappe**n** – Labbe
- Pantoffel**n** – Schlabbe (*Schlappe**n***)

Uffbasse! Es gibbt aach Ausnahme, wie beischbielsweise: schmunzel**n** – schmunzzel**n**/schmunzzsel**e** (**e** ersetzt **n**), schunkel**n** – schungkel**e**, schnuckel**n** – schnuggel**e**, Sinn, Gewinn, Pantoffel**n** – Pandoffele (es sei denn mär säscht *Schlabbe.* *[Schlappe**n**]*) (...)

ⓘ **Übberischens:** Mär kann un soll aach gar net jeedes hochdeutsche Wortt hunnäertdprozendisch 1:1 ins Hessische iwwersetze. Däs is aach ganz loogisch, weil's im Hessische viele spezjelle Wörddäern un Bezeischnunge gibbt, wo mär im allgemeine hochdeutsche Spraachgebrauch gar net benutdze duud oddäer iwwerhaabt erst gar net kennt, gell.

Reeschel 3: Bei Hauptwörddäern, die wo im Hochdeutsche hinne uff *e* ende, lässt mär im Hessische däs *e* aus Sparsammkeit oft fott.

➤Beischbiele:

- Aff**e** – Aff; »Isch krieh hier glei en Aff du!« *[Ich werde hier gleich verrückt (Ich bekomme gleich einen Affen)]*
- Giraff**e** – Giraff; »Wieso hot e Giraff dann eischendlisch so'n lange Hals? Ei weil de Kobb so weit obbe hängt.« *[Wieso hat eine Giraffe so einen langen Hals? Weil der Kopf so weit oben hängt.]*
- Parklück**e** – Parkligg, Parkklück
- Rent**e** – Rent
- Kaffeetass**e** – Kaffeetass, Kaffeedass
- Terrass**e** – Terrass

- Nas**e** – Naas
- Straß**e** – Straaß
- Gass**e** – Gass
- Massag**e** – Masaasch

➤Ausnahme (Beischbiele):

- der Beamt**e** – de Beamd**e** (aach als *Bürroocks* *[Büroochse]* bezeischnet.)
- die Tant**e** Gerda – die Tand**e** Gerdda
- die Ass**e** – die Ass**e**

Reeschel 4: Wookaale, wie *a, ä, e, i, o, ö, u, ü* werre oft gedehnt aasgesproche, woss dorsch die Schreibweis *aa, ää* (oddää aach *äer*), *oo, öö/ää, uu oddäer* ebbe *üü/ie* zum Ausdrugg kimmt.

Ausnahme besteedische *[bestätigen]* bekanntdlisch die Reeschel. So wärd insbesonnere däs *i* oftdäers aachema korzz un knaggisch aasgesproche.

ⓘ Im Hessische gibbt's en naasaales *a*, wo wie däs *a* im englische Wortt *ball*, *warm* oddäer *august* ausgesproche wärd. Däs klinggt wie e Mischung aus *a* un *o*. Fäer *[Um]* deen Naasaallaut ze kennzeischne, misse mer uns, so verriggtd wie's klinggt, beim schweedische Alfabeet bediene, weil's im Hochdeutsche ka *[kein]* naasaales *a* net gibbt. (Däs' de Hammäer, gell?) Desdeweesche leihe mär uns deen Buchstabbe *å* (*Å*) ausnåahmsweisemå bei de Skanndienåfjern *[Skandinavier]*. Däs *å* is also kwassi en ganzs normaales *a* mit nem klaane *o* obbedruff.

Es gibbt aach annere, **aldäernadiewe Schreibweise** von Naasaallaude, wie beischbielswaase däs *ã* un däs *õ*. Dõdebei klinggt däs *ã* mehr in Rischdung *a* un däs *õ* mehr in Rischdung *o*. Mer wolle's abbäer möschlischst eifach halde un den ganzse Kraam net aach noch unneedisch *[unnötig]* verkombliziere, gell.

➤Gedehnde Wörddäer (Beischbiele):

- A: Kerlle n**åa,** Karammbol**aa**sch**, Aa**rsch, **A**merrik**åa**n**ää**/Amerrikaan**äer** (vorne korzz, hinne gedehnt), Bag**aa**sch, s**åa**ch e må → s**åa**chemå, Spr**aa**ch, Gar**aa**sch, Aschebesch**ää** (Wenn mär's wie de Maddin Schneider mäscht, säscht mär: ***Aaaa**schäeb**ää**sch**äää**ä*)
- E: dodeg**ee**sche, desdew**ee**sche *[deswegen]*, **ee**be, R**ee**sche *[Regen]*
- I: B**ie**nsche, Schlumpf**ie**nsche, W**ie**dr**ie**n *[Vitrine]*, Z**ie**hdr**oo**n/Z**ie**tr**oo**n,
- O: L**ie**m**oo**ne, h**oo**le, Pissd**oo**l *[Pistole]*, B**oo**de *[Boden, Bote, Boote]*
- U: Ei G**uu**de!, W**uu**t, Br**uu**d, Schn**uu**d *[Mund]*

➤Gedehnde Wookaal-Wörddäer, wo unnerschiedlisch geschribbe werre könne:

- b**ö**se – b**öö**s, b**ää**s, b**ee**s; *Morsche is wieddäer B**ää**se-B**uu**be-D**aa**ch* (B**ö**ser-B**u**ben-T**a**g = Buß- und Bettag)
- Kopf – D**ää**tz, D**ee**tz
- **ü**ben – **üü**be, **ie**be/**ie**we (ehr ungünstdische Schreibweise, weil sisch die Worttbedeudung je nachdemm net unbedinggt sofortt erschließe duud; in dem Fall geht iwwerischens aach *übbe*; *Do musstde awwer noch e bissi übbe, dodemitd däs ärschendwannemo ebbes gibbt.*)
- F**ü**ße – F**üü**ß, F**ie**ß
- Gem**ü**se – Gem**üü**s, Gem**ie**s
- schl**a**fen – schl**åa**fe, schl**oo**fe

- gehen – g**ee**he, g**e**he

ⓘ Wenn uff'n gedehnde Wookaal, de Buchstabbe *h* folgt, dann muss mär deen Wookaal **net unbedingt** dobbelt schreibe, sonnäern **kann** däs Wortt dann wie im Hochdeutsche schreibe.

➤Beischbiele: *l**a**hmaarschisch* statt *l**aa**hmaarschisch*; *g**e**he* statt *g**ee**he*; *M**ü**h/Mi**e**h* statt *M**üü**h*; *fr**o**h* statt *fr**oo**h*, *R**u**h* statt *R**uu**h*, *M**ö**hrsche* statt *M**öö**hrsche*, *K**u**h* statt *K**uu**h* un so weidäer.

➤Wörddäer, wo de Wookaal **net** gedehnt wärd un wo **korzz ausgesproche** werrn:

- A: **A**udoo (nur hinne gedehnt), **A**dlandik, **A**llasga, **A**rbbeidde, Sch**a**nd, S**a**nd, R**a**nd, l**a**nde, B**a**nde; M**a**ch ka S**a**che, (..)
- E: **e**llegand, **E**llefand, **E**sstragonn, b**e**n**e**hmme, sch**e**nne (*schimpfen*; net ze verwecksele mit sch**ee**ne = *schöne*)
- I: **i**wwersetze *[übersetzen]*, **i**nnkommbedend, M**i**ddarbeiddäer, m**i**ddelm**ää**ßisch (vorne korrze, hinne lang), M**i**gg *[Mücke]*, B**i**ggs/B**i**cks *[Büchse]*, fl**i**gge *[flicken]*, b**ü**gge/b**i**gge *[bücken]*, str**i**gge (...)
- O: **O**cks, **O**wwäermäschäer *[Obermotz-/macher]*, **o**bbe, Gr**o**bbe, st**o**bbe *[stopfen]* (...)
- U: bed**u**bbe *[schummeln, betrügen]*, **u**ffbasse *[aufpassen]*, **u**nnedrunnäer *[untendrunter]*, **u**ffenannäer *[aufeinander]*, G**u**mmäer *[Gurke]*, l**u**sdisch *[lustig]* (...)
- reden – r**e**dde, r**ä**dde, r**äe**dde
- Bücher – B**ü**schäer(n), B**i**scher
- **A**pfelwein – **Ä**bbelwoi, **E**bbelwoi (gängische Schreibweise, abbäer eischentdlisch net ganzs rischdisch, weil ***Ä**bbelwoi* jo von ***A*** wie ***A**bbel* kimmt!)

- dr**ü**ben – dr**ü**bbe, dr**i**bbe
- draufh**ü**pfen – druffh**ü**bbe, druffh**i**bbe
- Sch**ü**ssel – Sch**ü**ssel, Sch**i**ssel
- F**u**rz – F**o**rzz (Däs *u* wärd dorsch *o* ersetzt. → Siehe Reeschel 16)
- schn**a**rchen – schn**å**rgkse
- Schl**u**ckauf – Schl**i**gges
- R**ü**cksicht – R**ü**ggsischt(d), R**i**ggsischt(d)

Reeschel 5: Deutsche Wörddäer mit *p*, *t* un *k* werre im Hessische häufisch dorsch *b*, *d* un *g* ersetzt.
ⓘ Während *k* am Worttaafang ehr hartt ausgesproche wärd, is die Ausspraach bei Wörddäern, wo mit *P* oddäer *T* beginne, ma hartt, ma weisch.
Steht däs *K* net am Worttaafang kann die Ausspraach warrieihre *[variieren]*.

➤Beischbiele:
- **K**arten – **K**ardde
- **K**atastrophe – **K**addastroof (ⓘ **Übberischens:** Hochdeutsche Wörddäern mit *ph* werre im Hessische immäer mit *f* geschribbe, weil *ph* halt ebbe wie'n *f* ausgesproche wärd, gell!)
- **K**äse – **K**ääs
- **K**artoffeln – **G**ardoffele (weisches *K* = *G*)
- den**k**en, len**k**en, sen**k**en, verren**k**en – den**gk**e, len**gk**e, sen**gk**e, verren**gk**e
- **P**fanne – **P**ann
- **P**olitiker – **B**ollidiggäer (harddes P)
- **P**us**t**ekuchen – **P**us**d**ekuche, **B**us**d**ekuche
- **T**annenzapfen – **T**annegiggel, **D**annegiggel
- **T**ropfen – **D**robbe, **T**robbe

ⓘ Es gibbt aach Schreibweise wie beischbielsweise den**gg**e oddäer den**g**e (den**k**en). Däs is jetzz aach net unbedinggt völlisch verkehrt, abbäer so ganz rischdisch isses halt ebbe aach net, weil hier däs *k* dorsch e zu weische Ausspraach mööschlischäerweise net korregt zur Geldung kimmt. Beim Leese ergibbt sisch die Worttbedeudung zwar meisdens aus'm Satzzesammehang gell, abbäer trotzdeem kann's bassiere, wenn däss Wortt im Hessische zu stargg verfremdet worre un ze viel vom hochdeutsche Wortt abweische duud, däss mär däs Wortt im Hessische dann net mehr erkennt un deemzefolge aach net rischdisch ausspriścht. So is däs.

Reeschel 6: Kimmt nachem Wookaal de Buchstaabe *g* (also -*ag*, -*äg*, -*eg*, -*og*, -*ug*, -*üg*) wärd der Wookaal in de Reeschel langezooche ausgesproche (z.B. *aa*, *ee*, *oo*, *uu*; beim *ig* abbäer nur in seldene Fäll), un *g* wärd gleischzeidisch dorsch *ch* oddäer *sch* ersetzt.

➤Beischbiele:

- s**ag**en – s**aach**e
- w**ag**en – w**aach**e
- fr**ag**en – fr**aach**e
- N**ag**el – N**aach**el
- Blam**age** – Blam**aasch**
- Vis**age** – Wies**aasch**
- l**eg**en – l**eesch**e
- W**eg**, der – W**eesch**
- w**eg**en – w**eesch**e
- S**eg**el – S**eesch**el

- liegen – l**iesch**e
- bi**egen** – **biesche**
- l**ü**gen – l**üüsch**e oddäer l**iesch**e (ehr ungünsdisch, weil Verweckslungsgefahr mit *liegen*)
- Fl**ug**zeug – Fl**uuch**zeusch, Fl**iesch**äer

➤Ausnahme (Beischbiele): B**ag**age (B**ag**aasch; *Baschgasch* wörd sisch aach bläääd aahäere, gell.), bagge, kagge, nigge, absagge, versteggele, verregge (...)

➤Korzz ausgesprochene Wörddäer (mit *–isch*) sin beischbielsweise:

- list**ig** – lisd**isch**
- wicht**ig** – wischd**isch**
- ranz**ig** – ranzs**isch**
- bärt**ig** – bärdd**isch**
- fert**ig** – ferdd**isch**
- fett**ig** – fedd**isch**
- richt**ig** – rischd**isch** (abbäer aach allsema gedehnt: *riiiieschd****iiiiesch***)
- schmier**ig** – schmier**isch**
- schwier**ig** – schwier**isch**
- hinterhält**ig** – hinnäerfotz**isch**

ⓘ **Übberischens:** Um däs hessische *Sch* noch e bissi weischäer auszespresche, kann mär bei einijsche Wörddäern vor däs *sch* noch en *j* setzde, **wemmäer will**. Däs sin abbäer nur spitzkliggäerische *[spitzfindige]* Feinheide. In mansch annere Fäll dodegeeje *[dagegen]*, wärd däs *Sch* soggar vollständisch dorsch deen Buchstabe *J* ersetzt.

➤Beischbiele:

- *Guude Mor**jsche*** oddäer *Guude Mor**je*** anstatt *Guude Mor**sche***
- *bor**jsche*** [*borgen*] anstatt *bor**sche***
- *Knerz**je*** [*Endstück eines Brotlaibs*] anstaat *Knerz**sche***
- *Herzz**je*** statt *Herzz**sche***.
- *Ferzz**je*** [*Fürzchen*] statt *Ferz**sche*** oddäer *Ferzz**sche***.
- *Schätz**je*** anstatt *Schätz**sche***

Reeschel 7: In de meistde Fäll werdde deutsche Wörddäer mit *ck*, im Hessische dorsch *gg* ersetztd.

➤Beischbiele:

- bü**ck**en – bü**gg**e, bi**gg**e
- drü**ck**en – drü**gg**e, dri**gg**e
- kni**ck**en – kni**gg**e
- Lü**ck**e – Lü**gg**, Li**gg**, Lü**ck**
- Brü**ck**e – Brü**gg**, Bri**gg**, Brü**ck**
- gu**ck**en – gu**gg**e
- aufmu**ck**en – uffmu**gg**e
- zurü**ck** – zeri**gg**
- La**ck**affe – La**gg**aff, La**ck**aff (geht beides)

ⓘ Hochdeutsche Wörddäer, bei deene en *g* uff en *ck* folscht, wie zum Bleistift bei dem Wortt *zurückgehen*, sollde mär jetzz net unbedinggt so schreibe: *zerigggehe*. In deem Fall is *zeri**ck**gehe* oddäer eifach *zeriggehe* die bessäere Schreibweise.

Reeschel 8: Wörddäer, wo im Deutsche hinne uff *–er* ende, werdde wie *-ä* ausgesproche.

Ob mär jetzz hinne *-er -ä* oddäer *-äer* schreibe duud is zwar Geschmaggssach, hängt abbäer aach e bissi dodevon ab, wie stargg die Bedoonung hinne uff dem *ä* liescht. Beim Schreibe nehmm isch aach ganz gerne ma *äer*, weil däs hinne im Prinzipp net wie'n reines *ä* aasgesproche wärd. Mansche schreibe aach *äa* wie *Ridd**äa**, middenann**äa**, Dorschenann**äa*** un so weidäer. Däs is jetzz aach net unbedinggt verkehrt gell, zumal mär hinne däs *r* so'n'so net mitsprischt bzw. beim Babbele so guud wie går net akussdisch ze häere is.

➤Alle uffgeführde Schreibweise sin rischdisch:

- Hamm**er** – Hamm**ä**, Hamm**ää**, Hamm**äa**, Hamm**äer**; *Däs' de Hammäer, gell?*
- Sup**er** – subb**ä**, subb**ää**, subb**äa**, subb**äer**, subb**er**
- od**er** – odd**ä**, odd**ää**, odd**äa**, odd**äer**
- Ein dicker O**tt**er – en fedde Odd**ä**/Odd**ää**/Odd**äer**/Odd**er**; *Däs do is abbäer'n fedde Oddäer, oddää?*
- Jamm**er**lappen – Jamm**ä**labbe, Jamm**ää**labbe, Jamm**äa**labbe, Jamm**äer**labbe, Jamm**er**labbe
- Wört**er** – Wördd**ä**(n), Wördd**ää**(n), Wörd**äa**(n), Wördd**äer**(n), Wördd**er**(n)

Wie mär sieht, kann mär dodebei im Grunde soo guud wie nix ve'kehrt mache. Mär misst zemindest ziemlisch dabbisch aastelle.

Reeschel 9: Wörddäer wo Dobbelbuchstaabe enthalde, werre wie im Deutsche aach, selbstverfreilisch *[selbstverständlich]* korzz un knaggisch *[kurz und knackig]* ausgesproche (mit Ausn**ah**me von Wookaale wie *ee, oo, uu* oddäer **aa**ch *aa,* die wo, wie mer schonn in de Reeschel 4 gelernntd habbe, ged**eh**nt ausgesproche werre.)

➤Beischbiele: Ä**bb**elwoi, Geba**bb**el, Gepi**dd**el, Gefu**dd**el, Ba**bb**ede**gg**el, Lumbesä**gg**el, Laatschgi**gg**el, bü**gg**e, Aabeemi**gg** (vorne lang hinne korrz), u**ff**ba**ss**e, E**ll**efandetreedäer (vornne korzz, hinne lang), sche**nn**e, E**ss**isch un so weidäer. Däs is ja **aa**ch vö**ll**isch l**oo**gisch, ge**ll**?

Reeschel 10: *B* oddäer *bb* is oft bessäer wie *p* oddäer *pp*

Dodemitd mär de hessische Ausspraach gereschtd wärd, muss mär beim Schreibe aach unbedinggt dodedruff achtde, deutsche Wörddäer wo mit *p* oddäer Do**pp**el-*P* geschribbe werre, dorsch *b* oddäer Do**bb**el-*B* ze ersetzde.

Däss Gleische gilt aach fäer Wörddern mit *t* oddäer Dobbel-*T*, wo im Hessische mit *d*, Dobbel-*D* oddäer aach *td* geschribbe werre. Es kimmt halt aach druff aa, wodruff die Bedoonung liescht un ob e Wortt **korzz un hartt** oddäer **lang un weisch** ausgesproche wärd. Es is aach allsema e bissi Geschmaggssach muss mär saache gell.

➤Beischbiele:

- **Papa** – **Babba**
- De**pp**en – De**bb**e
- La**pp**en – La**bb**e; *Ei du Labbeduddel. De Babba hot doch gesäscht, du solls' disch net mit deene schebbe Debbe abgebbe!*
- Wurstsu**pp**e – Worschtsu**bb** (maach isch net!); In deem Fall geht abbäer aach *Worschtsu**pp***.
- Sü**pp**chen – Sü**bb**sche, Si**pp**sche
- Ri**pp**chen – Ri**bb**sche, Ri**pp**sche
- su**p**er – su**bb**äer

- Fluppe – Flu**bb**, Flu**pp**; *Schwubbdiwupp, liescht die Flupp in de Supp.*
- auf**p**assen! – uff**b**asse!
- **P**app**k**ar**t**ong – **B**ab**b**edeggel, Kar**dd**ong
- Schli**tt**en – Schli**dd**e
- zi**tt**ern – zi**dd**äern, zi**dd**ere (beziehungsweise: bi**bb**äern, bi**bb**ere)
- Denkze**tt**el – Dengkze**dd**el
- **P**an**t**offelheld – **P**ann**d**offelheld oddäer **B**ann**d**offelheld (geht beides)
- fer**t**ig – fer**dd**isch
- hur**t**ig – hur**dd**isch, hor**dd**isch
- fe**tt**ig – fe**dd**isch; *Wäsch däer ma dei fe**dd**isch Borschtde, du aldäer Zo**dd**elbogg!* *[Wasch' dir mal deine fettigen Haare, du alter Zottelkopf!]*
- mi**t**einander – mi**dd**enannäer, mi**dd**eannäer
- Ri**tt**er – Ri**dd**er, Ri**dd**ä, Ri**dd**äer
- rich**t**ig – *rischdisch* is genauso risch**d**isch, wie *rischtdisch*

➤Ausnahme (Beischbiele):

- **Pest** – **Pest**
- **P**farrer – **P**arräer, **P**faff, **P**aff
- Die eklige Ra**tt**e – Die eeschlisch Ra**tt** (im Geeschsatz zu *Rattenpack* – *Raddepack*)
- La**tt**e – La**tt** (*Lattenzaun* – *Laddezaun*)
- Ma**t**ra**t**ze – Ma**tt**ra**t**z (*Maddraddz* wördd abbäer aach grad noch so gehe, sieht abbäer bissi koomisch aas.)

Reeschel 11: Wörddäer, wo im Deutsche *-ch* un *-ig* enthalde, werre in viele Fäll dorsch *-isch* ersetztd.

➤Beischbiele:

- i**ch** – i**sch**
- mi**ch** – mi**sch**
- si**ch** – si**sch**
- ri**chtig** – ri**sch**di**sch**
- wi**chtig** – wi**sch**di**sch**
- ni**chtig** - ni**sch**di**sch**
- Rücksi**ch**t – Riggsi**sch**td
- wasche**ch**ter Hesse – wasche**sch**de Hesse
- einz**ig**art**ig** – einzs**isch**ardd**isch**
- nerv**ig** – nerff**isch**
- lust**ig** – lusd**isch**
- witz**ig** – witz**isch**
- rie**ch**en - rie**sch**e

Uffbasse! Bei weidem net alle deutsche Wörddäern mit -*ch* un –*ig* werdde im Hessische in jeedem Fall dorsch -*sch* ersetzt!

➤Ausnahme (Beischbiele): Krach (Krach), Sache (Sach), machen (mache), lachen (lache), Drachen (Drache), Rachen (Rache) (...)

ⓘ Wenn däs *ch* im Hochdeutsche wie *ck* gesproche wärd, dann wärd aus deem *ch* nadierlisch net *sch*, dann schreibt mär im Hessische *ck* oddäer *gg*. Weil mär schreibbt's halt ebbe wie mär's spresche duud!

➤Beischbiele:

- Fu**ch**s – Fu**ck**s
- La**ch**s – La**ck**s
- Da**ch**s – Da**ck**s

- Bü**ch**se – Bi**ck**s, Bi**gg**s
- Sa**ch**senhausen – Sa**ck**sehause *[Stadtteil von Frankfurt, der unter anderem für und wegen seiner guten Äbbelwoi-Wirtschaften, insbesondere in Alt-Sachsenhausen bekannt und äußerst beliebt ist.]*

ⓘ **Übberischens:** Deutsche Wörddäern mit *x*, wie *Lux* (*Lu**ck**s*) oddäer *Saxophon* (*Sa**ck**sefoon*) kann mär aachema mit *ck* schreibe. Besser abbäer net bei *fix un ferddisch.* ☝ Dann wördds nämlisch *ficks un ferddisch* geschribbe, un däs wär e bissi obszöön. Also uffbasse un ka *Fackse* mache, gell!

Mär kann däs zwar so mache, mär musses abbäer net. Weil m**ü**sse, m**i**sse mer nix.

Wie mär sieht un wie schonn obbe am Aafang erwähnt, gibbt's im Hessische aldernaadiewe Schreibweise, wodorsch sisch däs Hessisch geeschr**übb**äer oddäer geescher**iww**er *[gegenüber]* annern Spraache weesendlisch fle**ck**sibbläer oddäer aach fle**x**ibbeler gestalded.

Reeschel 12: Wenn en hochdeutsches *V* net grad am Worttaafang steht, wärd däs im Hessische je nachdemm wie mär's aussprischt, entweddäer mit *f* oddäer *ff* oddäer aach mit *w* geschribbe, gell.

💣 **Uffbasse!** Fäer Wörddäern, wo aus zwaa zesammegesetzte Hauptwörddäern bestehe, gilt die Reeschel net! Allerdinggs muss isch dodezu saache, däss isch abbäer aach schonn Schreibeweise gesehe habb, wo die Wörddäern bis zur Unkenntdlischkaat enstellt worre sin, wie beischbielsweise *Fussballfäoin* (Fussball**v**erein), *unfäaninnfdisch* (un**v**ernünftig) oddäer *unfäazieschlisch* (un**v**erzüglich).

Däs muss jo net unbedinggt sei, gell.

➤Beischbiele:

- bra**v** – braa**f**
- bra**v**o – braa**w**o
- primiti**v** – primmdie**f**
- **V**itrine – **W**ietrien
- **V**isage – **W**iesaasch; ⓘ Wenn en Gesischt besonners fies un hässlisch is, kann mär scherzzhaft aach *Fiesaasch* dodezu saache.
- **V**ogelgrippe – **V**oochelgripp, **V**ööschelsgripp
- Fussball**v**erband – Fussball**v**äerband

Reeschel 13: Wie mer obbe am Aafang schonn gelernnt habbe, wärd däs *Ü* häufisch wie *ie* oddäer *i* aasgesproche, bzw. wie e Mischung aus *ü* un *i*; wobei die Bedoonung mehr uff *i* liescht! Sowohl die Schreibweise *ü* bzw. *üü* un aach *i* bzw. *ie* sin awwer beide rischdisch.

Um Verweckslungen mit annäern Wörddäern ze vermeide, wählt mär desdeweesche un je nach Ausspraach däs aane oddäer däs annere. Midde Zeit bekimmt mär dodef**ie**r en Gef**ie**hl, wie mär's am besde mäscht.

➤Beischbiele:

- Fl**ü**ge – Fl**üü**sch (☝ Die Schreibeweise *Fliesch*, wär in dem Fall zwar jetzz net verkehrt, awwer trotzdeem ehr ungünsdisch, weil Verwecksslungsgefahr mit dem Wortt *Fliege* besteht. Die Worttbedeudung ergibbt sisch awwer normal aus'm Satzzesammehang, gell.)
- betr**ügen** – betr**üüsche**, betr**iesche**
- Vergn**ü**gen – Vergn**üü**sche, Vergn**ie**sche

- genügen – genüüsche, geniesche; *Es wördd mer schonn geniesche, misch e bissi ze vergniesche.*
- lügen – lüüsche, liesche (*lügen, liegen*)
- drücken – drügge, drigge
- fünf – finf,
- Süßkartoffeln – Sießgardoffeln
- Mücke – Migg
- Überraschung – Iwwerraschung, Übbäerraschung
- Glück – Gligg, Glügg
- verrückt – verriggt
- Brücke – Brigg
- Schüssel = Schissel
- Krüppel – Kribbel
- Strümpfe – Schdrimmb
- Hütte – Hütt, Hitt
- Türe – Dür, Dier
- Nüsse – Niss, Nüss
- bemühen – bemiehe, bemühe
- müde – mied, müüd
- Gemüse – Gemies
- jünger – jinger, jüngäer
- rüstig – rüsdisch, risdisch
- grüne Soße – grie Sooß
- Gemütlichkeit – Gemiedlischkeit
- Kühe – Küh, Kieh
- Kühlschrank – Kühlschrangk, Kiehlschrangk

Uffbasse! Es gibbt aach Wördder mit *Ü*, wo im hessische Dialeggt halt ebbe net wie *i* oddäer *ie* aasgesproche werre oddäer hessische Wörddäern mit eischene, vom Hochdeutsche abweischende Bezeischnunge, wie zum Beischbiel:

- Tüte – D**u**tt (Weil sonst hieß es ja aach *Titt* oddäer in de Mehrzahl *Tidde*, gell.)
- Schürze – Sch**äe**rzz, Sch**ö**rzz
- fünfzig – f**u**ffzisch
- stürzen – st**äe**rze
- Schüler – Sch**ü**läer
- Gürtel – G**ö**ddel, G**äe**rdel
- Würmer – W**ö**rmmäer, W**äe**rmmer
- Hühnchen – H**i**ngkel (net *Hiensche*, gell!)
- Tschüss! – Guude!; Uff wieddäersehn; Manschma aach *Tschüssi* abbäer uff kaan Fall *Tschissi*!
- Pfütze – P**i**tsch
- Rücken – Mär kann zwar *Rigge* saache, awwer in de Reeschel säscht mär *Buggel* dodezu.
- Wäschekorb – Wäschb**ü**tt, Waschb**i**tt

ⓘ Mim *Ö* isses ähnlisch wie mim *Ü* awwer bei weidem net ganz so extreem. Also beischbielsweise, *gewehnlisch* statt *gewöhnlisch* oddäer *perseenlisch* statt *persönlisch* oddäer *beese Buube*/*bääse Buube* anstatt *böse Buube*. Alle Schreibweise sin rischdisch. Ansonsde schreibt mär ganz normal *fröhlisch*, *erröde*, *flöde*, *unnödisch* (aach allsema *unneedisch*) un so weidäer.

Reeschel 14: Aus *au* wärd manschema aach *aa*

➤Beischbiele:

- **rau**chen – **raa**che
- Fr**au** – Fr**aa**
- **Au**ge – **Aa**ch
- **au**ch – **aa**ch

- bl**au** – bl**aa**, bl**au** (geht beides)
- B**au**m – B**aa**m, B**au**m
- B**äu**me – B**ää**m, B**äu**m
- tr**au**en – tr**au**e
- R**au**m – R**au**m
- l**au**fen – l**aa**fe
- Str**au**ch – Str**au**ch (Str**äu**cher – Str**äu**scher)

Reeschel 15: *-schd* schdatt *–st* un *schb* anschdatt *sp*
Dodemitd *[Damit]* die Schreibweise demm gebabbelde Wortt noch nähäer kimmt, **kann(!)** mär mansche Wörddäer, wo im Deutsche mit *st* bzw. mit *sp* geschribbe werdde mit *schd* bzw. *schb* schreibe.

➤Beischbiele:

- **St**ube – **Schd**ubb, **St**ubb
- **st**ämmig – **schd**ämmisch
- **St**raße – **Schd**raaß, **St**raaß, **Schd**rooß
- an**st**ellen – aa**schd**elle, aa**st**elle
- aufge**st**oßen – uffge**schd**ummbt, en Uffge**st**ummbde (*ein kleiner Mann*)
- **Sp**ass – **Schb**ass uff de Gass
- **Sp**ätschischt – **Schb**äätschischtd
- **Sp**rössling – **Schb**rössling
- **Sp**ritztour – **Schb**riddzduur
- **Sp**arbrötchen – **Schb**aarbreedsche
- **Sp**inatwachtel – **Schb**ienaatwachdel

💣**Uffbasse!** Wördder bei deene däs uff gar kaan Fall geht sin zum Beischbiel: Ast (*Aschd* geht net! Mir sin jo ka

Schwaabe, gell.), Mast, Rast, Knast, Last, La**st**er (*Lasdäer*) fast, ba**st**eln (*basdele*),

Reeschel 16: *O* anstelle von *a* oddäer *u*; *ä* anstatt *ü*
Mär **kann(!)** je nach Ausspraache bei **mansche** Wörddäern en *u* dorsch en *o* ersetzde. Un wiedderum in mansch annere Fäll, **muss(!)** mär däs *u* soggar **unbedinggt** dorsch en *o* ersetze un däs *ü* dorsch en *ä*. Däs ist näämlisch ausnahmsweise ma net immäer w**o**rschteegaal (*w**ur**stegal*), waaßtde.

➤Beischbiele:

- h**ur**tig – h**ur**ddisch, h**o**rddisch
- d**ur**stig – d**o**rstdisch, d**ur**stdisch (beides rischdisch!)
- d**a**d**u**rch – dad**o**rsch, d**o**ded**o**rsch (In letzdem Fall wärd däs *a* dorsch *o* eingedauscht un däs *u* dorsch *o*.)
- Ich bin schon d**a** – Isch bin schonn d**o**
- D**u**rst – D**o**rscht
- W**u**rst – W**o**rscht
- W**ü**rstchen – W**ä**rschtsche
- b**ü**rsten – b**ä**erschtde

Uffbasse! Ausnahme beschdäädische allswieddäer ma die Reeschel: schw**u**mmrisch (*schw**u**mmerig*), l**u**sdisch (*l**u**stig*), **u**nne (***u**nten*), r**ü**sdisch (*r**ü**stig*), m**uu**disch (*m**u**tig*), **u**ffbasse (*a**u**fpassen*), d**uu**d (*t**u**t*), s**ü**ndische (*s**ü**ndigen*).

Däs sin nur einische von viele Beischbiele. Es is jo aach völlisch klaar un loogisch, däss *lusdisch* im Hessische net *losdisch* oddäer *uffbasse* net *offbasse* heiße kann, gell. Mir sin ja net in Kölle, gell.

Reeschel 17: Bei de Mehrzahl babbt de Hesse oft hinne en *n* draa.

Wie mer in Reeschel 2 gelernntd habbe, streischt mär bei Addjekdiefe, Subsdandiefe un Werbbe, wo uff *n* ende, häufisch däs *n* fott. Dodefäer babbt mär däs beim Plurall wieddäer hinne draa. Es gehe also kaane Buchstaabe verloore, gell.

➤Beischbiele:

- die Wörter – die Wörddäer**n**, die Wörddäer
- die Lehrer – die Lehräer**n**
- die Verbrecher – die Väerbreschäer**n**, die Ve'breschäer**n**
- die Offenbacher – die Offebäschäer(**n**); *Die Offebäschäer**n** beschäern wie die Löschäer**n**.* *[Die Offenbacher bechern wie die Löscher.]*
- Schuhe – Schuuh**n**

Reeschel 18: *Wo* anstelle von *als*

Däs is aach wieddäer e klaane kurrijoose Besondäerheit

➤Beischbiele:

- »**Als** wir letzte Woche im Urlaub waren, hat es die ganzse Zeit geregnet.« – »**Wo** mir neulisch im Urlaub geweese sin, hot's die ganzse Zeit nur gereeschend.«
- »**Als** wir das letzte mal beim Schnitzel-Jupp in der Jägerstube **waren**, war es dort gerammelt voll.« – »**Wo** mir däs letztde ma beim Schnitzel-Jupp in de Jäschäerstuub **geweese** sin, war's gerammelt voll geweese in de Hütt.«

ⓘ Wie eusch bei dem obbische Satz sischäer ganzs nebbebei aach noch uffgefalle is, saache mir Hesse, wenn mir üwwer uns in de Mehrzahl redde net *wir*, sonnäern *mir*. Mir drehe däs *M* einfach uff de Kobb un dann basst däs, gell. Un woss eusch sischäer aach schonn lang uffgefalle is, däss mir aach noch hinne am Satz allsema en *gell* mit hinnedraababbe, gell.

Reeschel 19: *Fäer* anstelle von *um, zum* oddäer *aus*

Bass uff! In mansche Fäll is es dringgend erforddäerlisch, *um*, *zum* oddäer *aus* dorsch *fäer* *[für]* ze ersetze.

Hier einische Beischbiele:

- »Er ging in die Küche, **um** sich ein Leberwurstbrötchen zu schmieren.« – »Der is in die Kisch gedabbt, **fäer** sisch e Lewwerworschtbräädsche ze schmiere.«
- »Er ging in den Garten, **um** sich einen Pfirsisch zu pflücken« – »Der hot in de Gardde gemacht, **fäer** sisch e Fäerssisch ze pligge.« (ⓘ **Übberischens:** *Der hot in de Gardde gemacht*, haaßt nadierlisch net, däss annäer in de Gardde nei geschifft *[uriniert]* hot gell!)
- »Das hat er **aus** Blödsinn gemacht« – »Däs hot der **fäer** de *[für den]* dolle Bläädsinn gemacht.« (Im Geeschesatz zu »Däs hoddäer **aas** Jucks un Dollerei gemacht.«)
- **Zum** Spass – **Fäer** de Spass

Bei de folschende Beischbielsätz verwendet mär ganz noormaal *um*:

- »Sie macht sich Gedangken **um** ihn.« – »Se mäscht sisch Gedangke **um** en/ummen.«
- **»Um** sechs Uhr ist die Nacht vorbei.« – »**Um** secks is die Nacht rimm.«

Soo! Jetzz habbtdäer schonnema bissi woss gelernnt, wenn ihr uffgebasst habbt, gell.

Uff de näschstde Seide erfahrt ihr, wosses sonstd noch so fäer scheene Fännomeene un Eischearddischkeide *[Eigenarten]* in de hessische Grammadigg gibbt.

2. Spraachlische Fännomeene un sonsdische Eischenarddischkeide vom hessische Dialeggt

Der ihrn, dem sei(n), in sei'm…

💣 **Uffbasse!** Däs hier is jetzz schonn e bissi fäer gehoobenere Ansprüsch un fäer Hesse im fottgelaafene Stadijumm.

Ei bass uff jetzz! Anschdatt »Die Schirmmütze ihres Mannes gefällt mir nicht« ze saache, nimmt de Hesse en klaane Ummweesch un säscht liebbäer: »Von de Fraa **ihrm** Mann **sei** Batschkapp duud mer net gefalle.« (*Von der Frau ihrem Mann seine Schirmmütze, tut mir nicht gefallen.*)

➤ Annäern Beischbiele:

- »Ihr Mann ist ein Pantoffelheld.« – »**Der ihrn** Mann lässt de Hambel mit sisch mache.«
- »Sein Sohn ist ziemlich unzuverlässig, kann ich dir sagen.« – »**Demm sein** Filljus, däs is'n ganzs scheene Schluurie *[schludriger Kerl]*, däs kann isch däer saache du.«
- »Wir gehen manchmal auch ganz gerne im italienischen Restaurant essen.« – »Mir gehe allsema aach ganzs gernn **beim** Raffello **in sei'm** Restdorongg esse.«

- »Auch gehen wir gerne mal **zum** Kottlett-Georg **zur** Schnitzelranch zum Essen.« – »Mir gehe aach ganz gernnema **beim/bei de** Kottlett-Schorsch **uff de** Schnitzel-Ränsch esse.«
- »Ich finde **seine** Essgewohnheiten etwas seltsam.« – »Isch find jo **demm sei** Essgewohnheide e bissi merggwörddisch, muss isch saache.«
- »Vor kurzem bin ich **an** Hartmut's Haus vorbeiglaufen und habe an **seine** Tür geklöpft.« – »Neulisch bin isch **am** Harttmutt **sei'm** Häusje vorbeigelaafe un habb an **demm sei** Dier gebolläert.«

Der wo, Die wo, Da so, Däs do...

Bei Artiggeln gibbt's im Hessische aach e baar klaane Besonndäerheide.

➤Beischbiele:

- **Der** räudige Hund – **De** räudische Köödäer
- **Das** Weib – **Däs** Weibstigg
- **Das** Baby – **Däs** Bobbelsche
- »Meine Frau, **die** Agnes...« – »Mei Fraa, **däs** Agnes...«
- »Die lusdische Leutd **do**, (**die**) **wo** do so koomisch babbele duun.« – »Die lustige Leute, **die**/welche so komisch reden.« (ⓘ☝ Artiggel wie *Der*, *Die*, *Das* werre häufisch aach dorsch *wo* ersetztd.)
- »Der Kerl, **der** so betröpfelt dreinschaut.« – »De Kerll, **wo** do so bedribbeltd aus de Wäsch guggt.«

- »Die Frau, **die** so schielt.« – »Däs Weib, däs **wo** (do so) mim lingke Aach in die reschtde Westdedasch guggt.«
- »Das Auto, **das** so zerbeult ist.« (Das zerbeulte Auto) – »Däs Audoo, **wo** so zerknautdscht aassieht.«
- »Was willst du denn mit **der** blöden Kuh? – »Woss willstde dann mit **deere** blääd' Kuuh?«
- »Hast du nochmal etwas von **dem/ihm** gehört?« – »Host du nochema ebbes von **demm/vonnem (von 'em**) gehäert?«
- »**Ihr** Hund geht mir gewaltig auf die Nerven.« – »**Der ihrn** Waldi geht mer ganz gewalldisch uff die Nerffe.«
- »**Sein** dummes Geschwätz, **das** er den ganzen Tag über von sich gibt, ist langsam nicht mehr schön.« – »**Dem sei** doll Zeusch, **woss** der de ganzse Daach von sisch gibbt, is langsamm net mehr schee.«
- »Kennst du den nicht? Das ist doch der(jenige), **dessen** Köter **ihren** Hund neulich in den Schwanz gebissen hat.« – »Kennstde deen dann net? Däs is doch der(jeenische), **wo dem sei** Köödäer, **der ihrn** Hund neulisch in de Schwanz eneigebisse hot.«

Desdeweesche dodezwische

Anstatt *desweesche* oddäer *dozwische* ze saache, klemme mir Hesse an de rischdische Stell allsema aach noch en *de* do**de**zwische. Beide Schreibeweise sin rischdisch.

Däs klinggt dann beim Babbele noch e bissi geschmeidischäer, waaßtde?

➤Beischbiele:

- deswegen – desweesche, des**de**weesche
- dazwischen – dozwische, do**de**zwische
- darüber – dodribbäer, do**de**driwwer
- darunter – dodrunnäer, do**de**drunnäer
- dagegen – do**de**geesche/do**de**geeje (gegen etwas sein; dagegen/hingegen); *Die ganzs Bagaasch waare allminannäer dodegeesche geweese. [Die ganze Sippschaft war dagegen geweesen.]*
- dagegen rennen – do**de**weddäer(do**de**widder) doddze; *De Knallkobb is mit sei'm dolle Wäersching alls dodeweddäer gedoddzt. [Der Knallkopf ist mit seinem Kopf ständig dagegen gerannt.]*
- daran – dodraa, do**de**draa

Hinnedraa en d, däs duud doch kaanem weh

E weidere kurrijoose Eischenarddischkeit von de hessische Mundart is, däss de Hesse an **einische weenische** Wörddäern hinne en *d* draa babbe duud, wo mär's gar net vermuude dääd. Deem unbedarfftde Auswäerddische is däs manschma unbegreiflisch, un däs sorscht desdeweesche allsema fäer bissi Verwäerrung.

In de Schuul wördd de Lehräer dem Schüläer wahrschaanlisch en Besuch uff de Waldoof-Schuul empfehle, wennäer zum Lehräer saache wördd: »Entschuldische Se bidde, Herr Schwinn**d**. Isch habb vorhin**d** net rischdisch uffgebasst. Ma Muddää hot misch heut Moin**d** wieddäer viel ze frieh aussem Bett gejaacht. *[Entschuldigung, Herr Schwinn. Ich habe vorhin nicht richtig aufgepasst. Meine Mutter hat mich heute Morgen wieder viel zu früh aus dem Bett geworfen]*«

Im Hessische is däs abbäer völlisch in Orddnung un ganz normal, gell.

Do fällt mer graad nochen klaane Witz ei...

Kimmt'n Mann mim Spraachfehläer beim Metzger un säscht: »Ei Guude! 'Sch'ättgerndepundnaggend.«

Säscht die Worschtwarenfachve'käuferin: »Tschuldischung, isch habb Sie net verschdanne. Woss wolle Sie???«

»Ei e Pund Naggend!«

»Ach, jetzz waaß isch woss Sie meine. En Pund Nagge (*Nacken*) wolle Sie habbe, gell?!«

»Eebend! Däs habb isch doch vorhind schonnd gesacht.«

ⓘ☝ *Eebend* säscht de Hesse Übberischens in de Reeschel awwer net, gell – de Berlinäer dohinngeesche *[dahingegen]* schonn ehr.

Ob als oddäer wie, däs waaß mär so genau nie

De Hesse verdauscht aach allsema ganz gern *als* un *wie* middenannäer oddäer benutzt beides gleischzeidisch oddäer halt ebbe sinnonümm *[synonym]*.

De Göödhe (de Johann-Wollfgang, gell) is jo bekanndlisch gebörddisch von Frankfortt. Im *Faust* steht folschendäer Satz geschribbe (im Orschinaal selbstverfreilisch in fast einwandfreiem Hoochdeutsch, gell): »Da steh isch nun, ich armer Tor un bin so klug, **als wie** zuvor.«

Waaßtde woss isch maan, gell?

➤Beischbiele:

- »Dei Schuuhn sin viel scheenäer, (als) **wie** der ihrn.« – »Deine Schuhe sind viel schöner, **als** ihre.«
- »Jetzz tu net so, **wie als** hätt's de aanäer an de Mormmel.« – »Jetzt tu nicht so, **als** hättest du einen an der Murmel.«
- »**Als** ob isch däs net selwer wüsst.« – »**Als** ob ich das nicht selber wüsste.« (In deem Fall ännert sisch nix)
- »**Wie** späät habbe mer's dann eischendlisch?« – »**Wie** spät ist es überhaupt?«

Uffbasse! Däs Wortt *als* hot im Hessische aach noch e annäer Bedeudung. Näämlisch *immer/ständig*.

Dademitd mär däs *als* von deem annere *als* bessäer unnerscheide kann, schreibt mär *als* (i.S.v. *immer/ständig/andauernd*), am besde mit zwaa *l* in de Mitt – also *alls*. Mär säscht aach *alleridd*.

ⓘ **Übberischens:** Däs Wortt *allsema* hingeesche bedeuded net, wie mär vielleischt meine könnt, *ständisch* (*ständig*) sonnäern *manchmal*.

➤Beischbiele:

- »Isch maan **allsema**, du bis' net ganzs fusbäer.« – »Ich glaube **manchmal** du bist nicht ganz dicht.«
- »Der blääde Babbsagg do stummbt misch **alls**!« – »Der blöde Schmierlappen dort, schupst mich **immer/die ganze Zeit**.«
- »De Kerll hot en flodde Oddo un muss **alleridd** uff de Aabee.« – »Der Kerl hat Durchfall und muss **andauernd** aufs Klo.«

Verniedlischungsformme

Verniedlischungsformme gibbt's im Hessische genauso wie im Hochdeutsche. Mir Hesse benutze däs nur häufischer, wie die ännäern.

➤Beischbiele:

- H**a**us – H**ä**us**je**, H**ä**usche
- M**a**us – M**ä**us**je**, Mäusche
- K**a**tz – K**ä**tz**je**, Kätzsche
- H**u**nd – H**ü**nd**sche** (*Hündje* geht in deem Fall net!)
- B**a**um – B**ä**umsche (*Bäumje* geht uff gar kein Fall!)
- T**a**nn – T**ä**nn**sche**
- T**o**rmm – T**ö**rmm**sche**, Türmmsche
- W**o**rmm – W**ö**rmm**sche**, Wäermsche

De folschende mehr oddäer weenischäer sinnbefreide Satz is en hessische Klassiggäer:

> *Sitzt e Wärmmsche uff'm Törmmsche, middem Schärmmsche unnerm Ärmmsche. Kimmt e Störmmsche, feescht däs Wärmmsche mit deem Schärmmsche unnerm Ärmmsche, nunnäer von sei'm Törmmsche.* *[Sitzt ein Würmchen auf einem Türmchen mit einem Schirmchen unterm Ärmchen. Kommt ein Stürmchen, weht das Würmchen mit dem Schirmchen unterm Ärmchen, runter von seinem Türmchen.]*

Getrennt oddäer zesamme? Däs is hier die Fraach

Mansche Wörddäern, wo im Hochdeutsche aasenannäer geschriwwe werre, **kann mär** weesche de Reeschel Nummäer 1 im Hessische aachema zesammeschreibe. Wie gesacht, **kammäer**, **muss mär** awwer net!

➤Beischbiele:

- »**Kann mir** mal jemand erklären, was der Unsinn soll?« – »**Kann mer/Kammäer** ma aanäer verkliggere, woss de dolle Bläädsinn soll?« (*Kann mer* is genauso rischdisch wie *Kammäer*. Däs gilt abbäer net fäer *muss mär, soll mär* oddäer *könne mer. Mussmär, sollmär* un *kömmer* gibbt's net.)
- »**Kannst du** mir mal bitte den Handkäse reichen?« – »**Kanns' de/Kannstde** mer ma bidde de Handkääs gebbe?«; »**Gibbs' de/Gibbstde** mer ma de Handkääs?«
- »Das **ist ein** starkes Stück!« – »Däs **is e/isse** stargg Stigg!«
- »Das **ist ihm** aber früh eingefallen.« – »Däs **is em/issem** awwer frieh eigefalle du.«
- »**Aus einem** traurigen Hintern kommt kein fröhlicher Furz.« – »**Aus em/Aus'm/Aussem** traurische Aarsch kimmt kaan fröhlische Forzz.«
- »**Hast du** mal einen Euro für den Einkaufswagen?« – »**Host de/Hostde** ma'n Euro fäer's Käernnsche?«
- »Da **hat er** blöd aus der Wäsche geguckt.« – »Do **hot äer/hoddäer** ma blääd aus de Wäsch geguggt.«

- »Der Typ da drüben **mit den** zotteligen Haaren.« – »De Kerll do dribbe **mit de/midde** zoddelische Borschtde.«
- »Wo **sind wir** denn?!« – »Ei wo **simm(ä)er** dann?«
- »Sie **hat ihn** | **mit dem** Hinterteil nicht mehr angeguckt.« – »Die **hot en/hodden** | **mit em/middem/mim** Hinnern net mehr aageguggt.«
- »Da **haben wir** nochmal Glück gehabbt, nicht wahr?« – »Do **habbe mer/hammäer** nochema Dussel gehabbt, gell?«
- »Ich weiß es auch **nicht mehr.«** – »Isch waaßes aach **net mehr/nemmäer**.«
- »Da **musst du** aufpassen!« – »Do **muss' de/musstde** halt ebbe ma bissi uffbasse!«
- »Erzähl mir nichts. Ich weiß ganz genau, **dass es** so ist.« – »Verzäähl mer nix. Isch waaß ganz genau **däss es/dässes** so is.«
- »**Ich glaube, es** geht langsam los!« – »**Isch glaab es/Sch'glaab's** geht langsamm loos!«
- »**In einem** unbekannten Land...« – »**In em/Innem** unbekannde Land...«
- »**Was für ein** Mist!« – »**Woss en/Wossen/Woss fäer'n** Scheißdregg.«
- »Der hat **auf dem** letzten Loch gepfiffen.« – »Der hot **aus em/aus'm/ausem** letzde Loch gepiffe.«
- »Wem Gott will rechte Gunst erweisen, den **schickt er** in die Wurstfabrik. Den **lässt er** in die Knackwurst beißen un **gibt ihm** | **noch einen** Aufschnitt mit.« – »Weem Gott will reschde Gunst erweise, deen **schiggt äer/schiggtdäer** in die Worschtfabbrigg. Den **lässt äer/lässtdäer** in die Knaggworscht beiße un **gibbt em/gibbtdem** | **noch en/nochen** Uffschnitt mit.«

Abbäer oddäer awwer un werdde oddäer werre

Wenn ihr däs Buch bis jetzz uffmerggsamm dorschgeleese habbt, dann wisst äer jo aach schonn, däss mär **mansche**(!) Wörddern mit *b* odder *bb* aach mit *w* oddäer *ww* schrei**w**e kann. De Vollständischkeit halber soll däs hier nochema anne paar Beischbiele uffgezeischt werre.

Genauso guud kann mär statt wer**dd**e aach we**rr**e schreibe.

➤Beischbiele:

- ü**b**ersetzen – ü**bb**äersetze, ü**ww**ersetze/i**ww**ersetze
- a**b**er – a**bb**äer, a**ww**er
- ha**b**en – ha**bb**e, ha**ww**e
- darü**b**er – dodedrü**bb**äer, dodedri**ww**er
- wer**d**en – wer**dd**e, we**rr**e; *Mir werre all net jinger.* *[Wir werden alle nicht jünger]*; *Mir werdde mit unserm Bongäert eifach net ferddisch.* *[Wir werden mit unserem frechen Sohn einfach nicht fertig.]*
- gewor**d**en – gewor**dd**e, gewo**rr**e, wo**rr**e, wo**rrn** (aldäernadiewe Schreibweis': *wornn*); *Ei mein Guuder. Du bis' awwer ganz schee grooß worrn, du.*
- Le**b**erwurst – Le**ww**erworscht, Le**bb**äerworscht
- ü**b**rigens – ü**bb**rischens, ü**ww**erischens/i**ww**erischens
- geschrie**b**en – geschri**bb**e, geschri**ww**e
- Streuselkuchen – Ri**ww**elkuche, Ri**bb**elkuche

ⓘ☝ In de Reeschel gilt däs fäer die meisde Wörddern mit *bb* net! Mär kann *Babba* nadierlisch net so schreibe: *Bawwa*. Däs gleische gilt unner annäerm fäer *Babber [Kleber]*, *Debbe*, *Schebbe*, *Dubbe*, *abrobbe*, *Ribbe*, *Bobbelsche*, *Labbeduddel* un so weidäer, gell!

3. Haasegespräässche

Ei Guude, wie? [Guten Tag, wie geht's?], säscht mär wemmäer sisch in Hesse begrüße duud un is in de Reeschel de Aafang vonnem **Haasegespräässch** (deutsch: *Plauderei*, *Plausch*, *Alltagsgespräch, Tratsch*; hessisch: *Gebabbel*) – oddäer wie mär uff Neuhessisch säscht: Schmolldogg (*Small Talk*).

Woss im erstde Moomend wie e Flossgel *[Floskel]* klinggt, is manschma abbäer aach e ernstdhaftd gemeinde Fraach uff die's unnäerschiddlische Möschlischkeide gibbt dodedruff ze antwordde.

Hier ma einische beischbielhaftde Antwordde:

»Ei Guude, wie?«

- »Ei Guude, guud! Un selwer?« – »Hallo, gut! Und selbst?«
- »Ei Jo. Un bei dir so?« – »So lala.« (wedder guud noch schleschtd)
- »Guude, geht so!« (Könnt besser sei, awwer aach schlechtder)
- »Ei subbäer, wie immäer!« (super, prächtig)
- »Schleschde Leutd geht's immäer guud, däs waaßtde doch.«
- »Guude! Ei jo, Unkraut vergeht net, gell.«
- »Ei wass dann?« (bedeudet in dem Fall: *selbstverständlich gut* oddäer mär will die Fraach net beantwordde.)
- »Hier, fraach net!« (Net so guud.)
- »Häer uff! Beschisse is noch geprahlt!« (Übbäertreibung, wo oft scherzzhaft verwendet wäerd; manschma isses abbäer aach ernstd gemaant.)

- »Es Lebbe geht weidäer gell. Woss willst'n mache?«, säscht aanäer wo baaschbielswaase woss Schlimmes erleebt hot, äbbäer trotzdemm bossidief dengkt oddäer es kaane besonnere Vorkommnisse gibbt. Dodebei driggt *[drückt]* die Fraas *[die Phrase]* *Woss willst'n mache?* aus, däss mär uff e beschdimmde Sach kaan Eifluss hot un nix abbäer aach rein gar nix dodegeesche mache kann oddäer will. Es is halt ebbe so wie's is, gell.)
- »Ma so ma so.« (Die Schdimmung schwangkt.)
- »Alls weider gell.« – »Immer (so) weiter«, haaßt entweddäer es gibbt nix Neues, weddäer bossidief noch neggadief oddäer der- oddäer diejeenische hot grad ka Lust dodedribbäer ze babbele.
- »Ei joh«, säscht mär, wenn aa'm grad nix besseres eifällt.
- »Komm, häer (doch/mir) uff! Alls woss anneres.« *[Komm, hör doch auf! Ständig was anderes]* (Viele unnerschieddlische Klaanischkeide oddäer schweerwieschende Sache, wo in korzze Zeit zesammekomme un ei'm en Haufe Nerffe kosde.)
- »Geh fott!«, haaßt net unbedinggt, däss de annäern die Migg mache *[abhauen/dieFliege machen]* soll, sonnäern ehr, dässer die Fraach net beantwordde will oddäer kann. *[i.S.v. »Frag nicht!« oder »Nächste Frage bitte/anderes Thema.«]*
- »Die aane saache so, die annäern saache so...« *[Die einen sagen so, die andern sagen so.]*

Beim Haasegespräasch gibbt's aach so einische Standardsätzje un **Fraase** *[Phrasen]*, wo de Hesse gernn benutzt, wie beischbielswaase:

- »Och joh.«/»Sach blooß.«/»Woss de net säschst.« – *oft ironisch gemeint; bezogen auf einen selbstverständlichen Sachverhalt, der eigentlich nicht der Rede wert ist; aber auch ernsthaft gemeinter Ausdruck des Erstaunes.*
- »Ach komm.« – *Ausdruck von Mitgefühl oder wenn etwas unglaublich klingt.*
- »Däs gibbt's doch gar net.«/»Däs därff (doch wohl) net wahr sei.«
- »(Da) braach(e) mer gar net drübbäer redde.« – *Eine selbstverständliche Sache ist nicht der Rede wert.*
- »Es is zum verriggt werre, gell.«
- »Wie's de Deiwel *[der Teufel]* will.«
- »Eiderdaus!« (Ei der Daus) – *Ausdruck der Verwunderung/Überraschung/des Erstaunens.*
- »Die nehmme's von de Lebendische.«; Bezeischnung fäer viel Geld verlange; oft im Zesammehang mit Gebühre un sonsdische Kosde *[Kosten]*, wo mär net drummerum kimmt.
- »Es kimmt wie's kimmt.«
- »Däs kann isch däer saache du.«
- »Do mäschstde woss mit du.«
- »Ei wass dann?!« wärd vielfälldisch gebraucht. Däs is aanerseits die Antwortt uffe Fraach wie beischbielsweise: »Waaßtde woss mer gesdern bassiert is?« un annerseits säscht mer däs aach, fäer e Aussaach ze bestädische. Oddäer mär säscht däs i.S.v. *nadürlisch/selbstverständlisch* (»Ei wass dann (sonst)?«)
- »Bevor isch misch uffreesch, isses mer liewwer worscht/egaal.« – Mit so ne Eistellung leebt sisches uff jeedefall gesünder.

- »Mär soll's wärkklisch net glaabe.« – Unglaublisch abbäer leider wahr.
- »Däs glaabstde abbäer du.«/»Däs kannstde abbäer annehmme du.« – *Bestätigung/Unterstreichung einer Aussage.*
- »Wie mär's mäscht, isses ve'kehrt.«
- »De Deiwel scheißt immer uff de größtde Haufe obbedruff, gell.« – *Geld kommt zu noch mehr Geld.*
- »Bei deene sieht's aas wie bei Hembels unnerm Soffa«, säscht mär wenn anner e dreggisch' Buud hot, wo Dorschenanner herrscht.
- »Häer uff! Däs sin doch Ferzz mit Krigge.« – Unnödisches Zeusch (*Fürze mit Krücken*)
- »Do bistde baff, gell.«/»Jetzz bin isch abbäer von de Sogge«, säscht mär wemmäer erstaunt//übbäerrascht/verblüfft is.
- »Do kannstde aanäer druff lasse. *[Da kannst du einen drauf lassen]*«
- »Do braachste ka Brill dodefier.«/»Däs sieht doch'n Blinde mim Kriggstogg.« – *Eine Sache ist offensichtlich.*
- »Loss mer ma Ruh.«
- »Es geht de Mensche wie de Leut.« – *Alle Menschen sind gleich (arm/doof) dran.*
- »Wenn de Kääs g'esse is, isser g'esse gell«, säscht mär, wenn sische Sach endgüldisch erleedischt hot.
- »Jesses! *[Jesus!]*«
- »So is däs, gell.«

ⓘ **Übberischens:** Anstatt *Ei Guude, wie?* kann mär aach eifach nur *Guude* oddäer *Ei Guude* saache. Manschma säscht de Hesse sogar eifach nur *Ei!*. Dodorsch *[Dadurch]* kimmt de

Annäern *[der Andere]* net in die möschlische Verleescheheit, die Fraach nach sei Befindlischkeit ze beantwordde, gell. Wemmäer dann doch wisse will, woss de Annäern so mäscht un wie's em geht, kann mär hinnenaach *[hinterher]* immäernoch saache: *Un sonstd?* oddäer *Un? wie hammäer's dann?* un so weidäer gell.

De Hesse säscht *Guude* abbäer net nur bei de Begrüßung sonnäern oft aach, wennäer sisch verabschiede duud.

ⓘ **Wischdisch** beim Haasegespräsch is, däss mär net diefgründisch wärd. Däs Haasegespräsch soll leddiglisch den Zwegg erfülle sisch bissi midde Leutd ze unnerhalde, neue Bekanntschaftde ze mache oddäer midde Nachbarsleutd übbäer däs un däs ze babbele – alles Möschlische halt ebbe. Dodebei spielt aach däs Weddäer un es Esse un Tringke immer wieddäer e grooße Roll. Mär sollt abbäer wenn's geht vermeide, übbäer sei Krankheide un sei eischen Leid ze klaache un net alls rummjammere, wie e aal Flennäern *[herumjammern, wie eine alte Heulsuse]*. Außäer mär wärd nach sei'm gesundheitdlische Befinde gefraacht.

➤Beischbiel (Haasegespräsch zwische zwaa Nachbarsweibsleut am Garddezaun):

»Guuuude! Schee Weddäersche heut, gell. *[Guten Tag/Hallo! Schönes Wetter heute, nicht?]*«
»Wosse Hitz du.«
»Jo, awwer bessäer wie de ganzse Daach Reesche.«
»Däs stimmtd. Dodevonn hadde mer wärkklisch genuuch in de letzde Zeit.«
»Ei ja, fäer die Blumme im Gardde isses jo guud, gell.«
»Ei wass dann? Bei uns im Gardde wär jo fast de Kabbes *[Kohl]* abgesoffe, bei deere sintfluutarddische Reeschefäll.«

»Däs stimmtd. Un wenn's trogge is, fresse die Haase däs ganzse Grienzeusch uff.«
»Ei jo, die Karniggele misse jo aach ebbes fresse, gell.«
»Joah, do hostde reschtd. Sollang die Viehschäer mir net die Beede dorschwühle...«
»Ei jo, dann musstde däer de Gardde weenischsdens net selwer umgraabe.«
»Do hostde aach wieddäer reschtd. Ei woss'n scheene Daach heut *[Was für ein schöner Tag heute]*, gell.«
»Jo. Un? woss gibbt's dann bei eusch heut Guudes ze Esse?«
»Ei Dibbehaas! *[Haseneintopf]*«
»Schee. Bei uns gibbt's heut Ribbsche mit Kraut.«
»Aach schee!«
»Hier, däs habb isch däer jo noch gar net verzählt...«
»Ei wass dann?«
»Ei'sch hatt gesdern Awend seit langem ma wieddäer'n Orgassmuss. Däs war schee.«
»Och joh. Mir hadde gesdern zum Awendesse Spitzbuube mit Speggsooß *[Spitzbuben mit Specksoße]*. Däs war aach schee. Hier, ma e annäer Fraach: Woss mache dann aaschentdlisch dei Hämmoridde, Herdda?«
»Jugge!«
»Ach komm, woss de net säschst. Däs gibbt's doch gar net.«
(...)

En Paaradebeischbiel dodefier, wie mär e Haasegespräästch führt, is übberischens mei Fraa, däs Agnes gell.

Ei, es war an ärschendem *[an irgendeinem]* sonnische Samsdaach geweese, wo mei Fraa Fenstdäern gebuddzt hot. Isch habb derweil gemiedlisch dehaam uff'm Schesselong *[Schlafsofa]* gesesse un so bissi in de Frankfodder Allgemeine drin rumgebläddäert; un dodebei habb isch mehr oddäer weenischäer unfreiwillisch mitbekomme, wie die alde Tande

Gerdda mim Rollador die Straaß nuff gekroche kimmt un midde Agnes bissi gebabbelt hot.

Viel Vergnüüsche un guude Unnerhaldung!

»**Ei Guude**, Agneeees!« *[Hallo/Grüß dich Agnes!]*

»Ei ween habbe mer dann da? *[Ja wen haben wir denn da?]*«, säscht mei Fraa. »Die Tande Gerdda! Ei guuden Dach! Mir habbe uns jo schonn eewisch net mehr g'sehe!« *[Wir haben uns ja schon ewig nicht mehr gesehen.]*

Säscht die Gerdda: »Huurraaa, huurraaa, die Tande Gerdda is wieddää daaa! Jajaaa, däs is schonn e Weilsche her, gell. Kerlle mir geht jo die Pumb bei der Hitz *[Junge, mein Herz rast ja bei der Hitze.]* Isch bin jo ganz hinnerm Aadem *[außer/hinterm Atem]*. Un? Bistde Fenstdäern am buddze?« (*Es is zwar offesischtdlisch, abbäer mär kann jo trotzdeem ma fraache, gell.*)

»Ei joah, däs muss jo aach allsema gemacht werre gell.« *[Ei ja, das muss ja auch manchmal gemacht werden.]*

»Ei jo, bei deem schääne Weddää gell. Fleißisch, fleißisch.« *[Ei ja, bei dem schönen Wetter. Fleißig, fleißig.]*

»Ei wass dann? Sollang sisch däs Weddää noch ebissi halde duud.«

»Jaja. Wenn die Sonn scheint, siehstde jo aach jeedes Staubkörnnsche uff de Scheib. Bass nur uff, däss däs ka Geschmier gibbt un däss de net do obbe nunnerfällst. Ei de Waldäer hot jo bis vor korzzem noch im Krangkehaus geleesche hier.« *[Der Walter hat ja bis vor kurzem noch im Krankenhaus gelegen.]*

»Ei woss hott'n der gehabbt?« *[Was hat der/er denn gehabt?]*, wollt däs Agnes wisse.

Säschst die Tande Gerdda: »Ei der is doch im volle Kobb die Trepp nunnergeflooche – ohne Fallschirmm, gell.«

»Ach du liewer Godd. Wie is dann däs bassiert?« *[Ach du lieber Gott. Wie ist das denn passiert?]*

»Mein Godd Waldäer, kann isch nur saache. Ei der schluggt de Äppler *[Apfelwein]* jo aach wie annere Leut Wassäer. Es tringkt der Mensch, es säuft däs Pferdd, beim Waldäer isses grad umgekehrt, gell. Isch kann dä' saache du...« [*Ich kann dir sagen du...]*

Säscht mei Fraa: »Do kann isch dä' aach e Liedsche von singe. Isch habb jo aach so'n alde Schluggschbescht *[Schluckspecht]* dehaam uff de Kaudsch siddze.« (*Ei wass dann? Isch trink de Äppler halt ebbe ma gern gemiedlisch im Siddze.*)

»Ei die schlugge jo all wie die Weltmeistdäern. De Waldäer konnstde jo e zeitlang net mehr elaans *[alleine]* in die Kneipp nei losse, ohne däss de alde Bembelkobb *[Saufkopf]* am näschstde Moind net in de Ausnüschderungszell uffgewacht is.«

»Ach komm. Un isch dacht schonn meinäer dääd viel schlugge.« *[Und ich dachte schon mein Mann/meiner würde viel trinken.]*

»Schlimmäer geht's immäer, gell. Woss isch saache wollt hier… Uff jeedefall wollt de Vaddää raus in de Gardde, bissi die Rändäer schneide un de Raase werddigudiere waaßtde *[den Rasen vertikutieren, weißt du?]*; un wo de alde Trungkebold uff de Terrass gestanne hot, issem schonn so bissi tormmelisch worre in de Bäern *[schwindelig im Kopf geworden]*. Ei jo, un dann issem aach schonn de Kreislauf zesammegebroche, un do is de Labbeduddel mit sei morsche Knoche *[mit seinen morschen/gebrechlichen Knochen]* die Terassetrepp nunnergeseeschelt – so schnell konnstde gar net guggedu.«

»Ach Godd, ach Godd. Ihr liewe Leut un Kinnäer.« *[Um Gottes Willen, wie schrecklich.]*

»Jo, un dann hodde Simbel *[Einfaltspinsel]* halt ebbe uff de Waschbeddongpladde geleesche *[auf den Waschbetonplatten gelegen]* – wie so'n zabbelnde Marienkäfäer uff'm Rigge. Woss willst'n mache gell?«

»Ach herjee mienee – de arm' Kerll. Hoddäer sisch bestimmtd es Schienbein gebroche bei de Tur oddäer?«

»Hier, wenn's nur däs Schienbaa geweese wär. Agnäeeeeeeeees, isch kann dä' saache du. Der hot sisch zwaa Ribbe gebroche, de reschtde Arm hier, däs lingke Baa, däs Schlisselbein – un däs Naasebein aach noch. Hinne däs Scheissbein im Aarsch *[Steißbein kaputt]*, vornne am Kobb soooooooo'n digge Oschi *[ein dickes Ding]* hier un iwwäerall am ganzse Körbbää laudäer Plessuure un blaue Flegge. Der hot aaaaasgesehe du – däs kannstde dä' gar net vorschdelle.«

»Üwwäerläääeeeeeeeeesch dä' dässema. Woss do alles hätt bassiere känne, Kerlle naa.«

»Däs konnstde awwer laud saache du«, säscht die Gerdda. »Isch war jo fix un ferddisch midde Nerffe.«

»Däs kann isch mer guud vorschdelle.« *[Das kann ich mir gut vorstellen.]*

»Wenn aale Leut falle gell…« *[Wenn alte Leute hinfallen...]*

»Ei mir werre jo all net jingäer gell.« *[Wir werden ja alle nicht jünger.]*

»Naa, nur scheener *[schöner]* – hahaha. Spässje gell. Ei isch bin jo heilfroh, dässes net noch schlimmää 'komme *[gekommen]* is.«

»Do kammäer wärkklisch von Gligg redde, däss däs nochema klimpflisch ausgegangge is *[Da kann man wirklich von Glück reden, dass das nochmal gut/klimpflich ausgegangen ist]*. Woss do alles hätt bassiere könne – net auszedengke.«

»Däs kann isch där saache du.«

»Wo willstde dann iwwerhaabt hie?« *[Wo willst du denn überhaupt hin?]*

»Ei isch wollt uff de Käerschhoof *[Friedhof]* – Stiefmüddersche fäer mei Muddäer uff de Graabstein setdze, waaßtde?«

»Saachema Gerdda, wie lang liescht dann dei Muddää jetzz eischentdlisch schonn unnäer de Erdd? Bestimmtd schonn zehn Jahrn oddäer?« *[Sag mal Gerda, wie lange liegt deine Mutter denn jetzt eigentlich schon unter der Erde? Bestimmt schon zehn Jahre oder?]*

»Ei näschstdes Jahr am erstde Jannewa *[Januar]* sin däs neun Jahrn.«

»Och joh! Sollangg is däs schonn her?«

»Joah.«

»Ei de Frank un isch hadde neulisch noch die Redd dodevon gehabbt *[die Rede davon gehabt]* un habbe alls hin- un her iwwerleescht *[andauernd hin- und herüberlegt]*, wann dann de Tande Gerdda ihrn Muddäer gestorbbe is. Kerlle naa, wie die Zeit vergeht gell.«

»Mär soll's wärkklisch net glaabe du. Ei jo, weenischsdens hot se zum Schluss noch bissi woss von de Silwesdäerknallerei mitbekomme. Es is jo jetzz aach net so, dässe en kwaalvolle Dood erlidde hätt, gell.«

Säscht's Agnes: »Ei isch dacht, dei Muddäer hätt dammols am Silwesdäerawend en Herzzinfarkkt bekomme hier?«

»Ei sischäer«, säscht die Gerdda. »Ärschendwann gibbt aach die stärggstde Pump uff, gell.«

»So e Silwesderfeuäerwerkk is jo aach net unbedinggt guud fäer so aale Leut. Däs Gebölläer kann net jeedäer so guud ve'traache.«

»Ei wass dann?!«, säscht die Gerdda. »Ma Muddäer konnt schonn woss aushalde – vergugg disch *[täusche dich da mal nicht]*, Agnes! So'n ersde un zwaade Weltkriesch is jo jetzz aach kaan Kinnäergeborttsdaach uff'm Ponniehoof *[So ein erster und zweiter Weltkrieg ist ja auch kein Kindergeburtstag auf dem Ponyhof]*.«

»Däs stimmtd. Dei Muddää war jo aach schonn iwwer neunzsisch, gell?«

»Ei joh.«

»Un woss gibbt's dann sonst so Neues bei eusch do unne im Gässje?«

»Hier, jetzz wo de's grad säschst: Bei uns in de Straaß sin vor korzzem so paar ganzs koomische Leut eigezooche hier. Deene hawwe se neulisch die ganzse Buud leergeräumt.«

»Och joah.«

»Agnääeeeeeeees! Die habbe do jo ein Dregg un ein Zeusch nausgeschafft du – däs kann sisch'n normaale Mensch gar net vorschdelle. Müllbersche mit lauder Dregg, Schrott, Unraat un woss waaß isch, woss fäer Gerimmbel un Geläersch *[Gerümpel und Plunder]* net noch all. Bei deene im Hoof hot's aasg'sehe – wie als hädde Bomb eigeschlaache du. Schlimmää wie bei Hembels unnäer'm Soffa. Däs kammäer sisch gar net vorstelle, wemmäer däs Kaos net midde eischene Aache g'sehe hot.«

»Jesses! *[Jesus!]* Woss sin dann däs fäer welsche?«

»Ganzs koomische Leut hier. Ganzs, ganzs koomische Leut. Ei isch maan allsema däs sin so Messies, waaßtde – wie die Mietnomaade, wo se immäer do im Fernseh zeische.«

»Mit woss fäer Toomaade?«

»Mietnomade!«

»Ach Mietnomaade.«

»Isch kenn die Bagaasch jezz aach net persönlisch – Godd sei dank gell. Ei die wohne jo aach noch net so lang do. Die schwätze so'n'so nix midde Leut. Isch glaab aach allsema die wolle liewwer unnäer sisch blaabe – ganzs, ganzs koomische Leut hier. Mit so Leut kannstde net warm werre du.«

»Wer waaß fäer woss däs guud is gell?«

»Däs stimmtd, do hostde reschtd. Woss willst'n mache gell? Hier Agneees, waaßtde aaschentdlisch schonn däs Neustde?«

»Naa, wass dann?«

»Hier bass uff, jetzz hal'disch fest *[halt dich fest]* gell. Däs glaabstde mer im Leeeebe net…«

»Ei wass dann?«

»Däs Hembels Schaggeliene *[Hembels Jacqueline/Jacqueline Hembel]* gell – däs is jo schwangäeeeer! Kannstde där däs vorstelle?«

»Woss?! Hembels Schacklien? Ei däs Mädsche is doch gradema erstd väerzeh *[vierzehn]*, höschstdens fuffzeh *[fünfzehn]*! Bistde där sischää *[Bist du dir sicher]*, däss de däs *[dass du das/die]* net mit der ihrn *[mit ihrer]* äldere Schwestdäer, de Schanntall *[Chantal]* verweckseltd host?«

»Naaaaa, däs anner Zumbel *[das andere schlampige Luder]* hot doch letz' Jahr Zwillingge geworffe. Waaßtde däs dann net?«

»Ei jo – jetzz wo de's säschst *[Jetzt wo du es sagst]*. Wer hodd'n *[Wer hat denn]* däs iwwerhaabt gesäscht midde Schacklien?«

»Ei däs habb isch ma gehäertt *[Das habe ich mal gehört]*«, säscht die Gerdda.

»Vom weem *[Von wem]* dann?«

»Isch kann där net saache wer de Vaddäer is. Isch waaß nur, däss däs Weib von ärschendso'm labbeduddelische Fuldäer aus de Schuul geschwängäert worre sei soll.«

»Naaaaa, isch meint von weem de däs waaßt, däss däs Schacklien schwangää is?«

»Achsooou. Ei isch mein allsema *[ich glaube]* däs hätt mer Rösners Renade neulisch verzählt *[erzählt]*.«

»Aha? Un vom weem hot die däs?«

»Ei däs Renade hot anschein'd zufällischäerweise ärschendwie mitbekomme, wie die Soffie, däs de Mülläär's Marddinna *[Müllers Martina]* ve'zählt hot.«

»Achsooo – Woss fäer *[Welche]* Soffie dann?«

»Ei Schmitz's Soffie! Die mit deem klaane Schassidruss *[Die mit dem kleinen Hau/Knall]*, waaßtde?«

»Ei is die dann schonn wieddäer drauße aus de Klappsmühl?«

»Anschein'd. Ei jo, sollang die ihr Beruhischungspillsche reeschelmääßisch schlugge duud *[solange sie ihre Beruhigungspillen regelmäßig zu sich nimmt]*, kann die weeschemir frei rumlaafe, wie se lusdisch is *[soviel wie sie will]*.«

»Jesses! Ei hot dann däs Schacklien net die Bäbie-Pill *[die Antibaby-Pille]* genomme?«

»Scheinbar net *[Anscheinend nicht]*.«

»In de heudische Zeit sollt mär doch meine, däss die junge Leut von heut soweit uffgekläärt sin, däss die weenischsdens e Kondoooom benutdze, wenn se unbedinggt maane, in deem Aldäer schonn Geschleschtsve'kehr habbe ze misse.«

Säscht's Gerdda: »In mansche Fäll wär's uff jeedefall bessäer gell. In deem Aldäer habbe mir friehäer noch gar net an so'n schweinische Kraam do gedacht. Do habbe mer noch midde Bobbekisch un mim Kinnääkaaflaade geschbielt *[Da haben wir noch mit der Puppenküche und mit dem Kinderkaufladen gespielt]*. Uff so Fissematende *[Fisimatenten/Unsinn]* wäre mir gar net 'komme du.«

»Die sin jo aach heut viel frieher friehreif, als wie mir frieher.«

»Die werre ihr Leebdaach net mehr froh – däs kann isch där jetzz schonn saache. Wenn däs mei Dochdäer geweese wär – deem Heggebongäert *[Hurensohn]* hätt isch de Aarsch uffgerisse du. Däs hätt's ba uns friehäer net g'ebbe *[Das hätte es bei uns früher nicht gegeben]*.«

»Es gehäere *[gehören]* jo aach immernoch zwaa dodezu *[zwei dazu]*, gell.«

»Häer uff! Däs sin doch all' ka Dingäer *[Das sind doch keine Dinger/Zustände]*. Apro Po uffgerisse. Jetzz habbe se jo aach noch die Straaß do hinne bei uns uffgerobbt *[aufgerissen]*. Ihr liewe Leut un Kinnäer, isch kann där saache du!«

»Och joah. Woss mache die dann do bei eusch?«

»Ei isch kann där net saache, woss die do de ganzse Daach am Menge sin. Ärschendwoss uffbuddele. Woss die do jetzz genau traggdiere *[i.S.v. etwas (unangenehmes) anstellen]* – mär waaßes net *[man weiß es nicht]*. Isch habb jo heut Moind kerzzegraad im Bett geschdanne, wo die deen Presslufthammäer aageschmisse habbe hier. Ei isch habb gemaant die Russe stehe midde Kallaschnikoff vor de Dier *[vor der Tür]*. Ei wenn de noch so im Halbschlaaf bist gell, komme aa'm allsema die dollstde Gedangke du *[kommen einen manchmal die verrücktesten Gedanken]*. Un zur Krönung sin se dann aach noch midde schweer' Dampfwalz aagerollt. Hier Agnääeeeeees. Isch habb gemaant, do fährt'n russische Panzsää midde dorsch die Wohnstubb *[Wohnzimmer/Wohnstube]*. Däs hot jo gerummbeltd un geschebbäertd – ein Ramba-Zamba uff de Gass, wie im zwaade Weltdkriesch. Däs kannstde där gar net vorschdelle. Do bekimmstde am friehe Moind schonn de Herzzkasbäer – däs kann isch där saache du. Alls woss anneres. Woss willst'n mache, gell. *[Ständig was anderes. Was will man machen?]*«

»Ei weem säschstde däs? *[Wem sagst du das?]* Bei uns hadde se jo dammols aachema die Straaß uffgerisse. Däs war ein Lärmm un Staub in de ganzse Straaß du. Däs hot nach Teer gestungke hier – geh fott. Mär konnt jo noch neddema *[noch nicht einmal]* mehr die Fenstdäern kibbe, so gestungke hot däs. Do verstehtstde jo noch neddema dei eischen Wortt net mehr gell.«

»Däs kimmt jo aach noch dodebei! *[Das kommt noch dazu]* Un wesweesche habbe die dann bei eusch dunnemols *[damals]* die Straaß inne Baustell verwandelt gehabbt?«

»Ei däs wisse mir bis heut net.«

»Es is schonn manschema bissi kooomisch, gell. Awwer fäer ärschendebbes musses jo guud sei *[Für irgendetwas muss es ja gut sein]*.«

»Ei wass dann? Fäer de Schbass un de dolle Bläädsinn *[Zum Spass/Aus Jucks und Dollerei]* mache die däs wahrschaanlisch net.«

»Ei die wolle jo aach e bissi woss verdiene gell.«

»Ei sischäer. Isch glaab, wenn nochema sowwoss is, fraach isch beim näschstdema eifach ma die Bauarbeidäern *[Bauarbeiter]*, woss die do so schaffe de ganzse Daach.«

»Dässe *[Däs is e = Das ist]* guude Idee, Agnes. Mär muss jo Ängst hawwe, däss mär net von de schweere Walz iwwerrollt wäerd, wemmäer iwwer die Stroaß niwwer will *[wenn man über die Straße rüber will]*. «

»Ei jo, die schlugge jo aach uff die Bauschdell wie die Löschern. Wenn do ma ebbes bassiert du. Dodefier blescht ka Ve'sischerung [*Dafür zahlt keine Versicherung*].«

»Ei wenn de do vorbei lääfst un bekimms' die schweer' Baggäerschaufel vor's Häernn oddää wärst von de Planierraub geknuutdscht...«

»Ei dann guude Nacht Marie!«

»...do bistde so'n'so weg vom Fenstdäer. Kerlle, de Planeet brennt heut wirrer [*es ist heiß draußen*] – mir lääft jo die Brieh du [*Ich schwitze*].«

»Isch hoff nur, däss sisch däs schääne Weddää heut noch bissi halde duud. Däs könnt heut noche Gewiddää gebbe, so wie däs do obbe aassieht. Isch wollt nämlisch noch Wäsch uffhänge, waaßtde.«

»Aha, Wäsch uffhänge – soso. Isch mein aach allsema die hädde fäer heut Nachmiddach Reesche [*Regen*] gemeld'.«

»Däs is jo ma ganzs woss Neues gell.«

»Jo, do hostde reeschtd Agneees. Es is bald wärkklisch net mehr schee. Isch kann misch net dodedraa entsinne [*daran erinnern*], däss mir ma so'n beschissene Sommäer hadde wie diess Jahr. Reesche, Reesche, nix wie Reesche…«

»Däs stimmtd. Dann hänge die Kinnäer noch mehr in de Buud vor deem Compjuddergeschiss do rum, anstadde ma [*anstatt mal*] naus an die frische Luft ze gehe.«

»Genau! Desweesche sin die jo aach heut all so blass um die Naas. Ei die hänge jo nur noch in de Buud vor ihr'm reschteckische Kasde.«

»Ei wass dann? Die komme aus de Schuul haam, mache bissi Hausuffgaabe un dann ab vor die Flimmäerkist. Woss issen däs? [*Was ist das denn schon?/Das ist doch nichts*]«

»Un dann alls die Rumspielerei do midde Händies, Kerlle naa. Fäer woss [*Wozu/Für was*] soll'n däs iwwerhaabt guud sei? Ei die gehe an dir vorbei un häere un sehe nix. Mir habbe friehäer weenischsdens zu de äldäere Leut noch guuden

Taach gesacht. Die junge Leut von heut laafe schnurrstraggs wie ferngesteuäert an dir vorbei un schdarre mim schdeiffe Nagge, wie so e hibbnoddisierde Girraff *[wie eine hypnotisierte Giraffe]* alls uff den Schmarttfoon-Scheißdregg do druff. Däs hätt's bei uns frieher net g'ebbe.«

»Es is halt heut net mehr soo wie's frieher ma war gell.«

»Jaja, die Zeide ännere sisch. Die habbe jo heut nur noch Ferzz *[Unsinn/"Fürze"]* im Kobb. Hier, woss mäscht'n euäern Käwinn, de lange Lullatsch *[großer, Schlanker Kerl]* noch soo?«

»Och joo, deem geht's ganz guud. Der häert sei Mussigg do un äh…«

»Däs is jo so'n feine, orddentdlische, aaständische Bubb. Ei isch habb'n jo schonn gekennt, wo er noche klaa Bobbelsche *[ein kleines Baby]* war. Ei de Bubb war jo sooooo e goldisch Kerllsche mit saane blaue Aache, de blonde Haarn un de digge Pausbäggelsche…«

»Jaja, aus Kinnää werre Leut gell *[Aus Kindern werden Leute]*.«

»Is euäern dann noch net ve'heiraat'?«, wollt die Tande Gerdda wisse.

»Naaaaa«, säscht's Agnes, »der hot jo aach noch ebissi Zeit. Der soll erstdema sei Abbidur mache un Geld verdiene, un dann sehe mer ma weidää.«

»Bis die junge Leut heut aachema ebbes verdiene. Däs dauäert in de heudische Zeit jo aach alles sooo lang bei deene, Kerllc naa.«

»Do säschstde woss. Un dann wolle se aach noch studiere un prommowiere un exmatrikuliere un woss waaß isch net noch all.«

»Ei die wolle jo all nix mehr schaffe heut! Bis die ma ins Beruffslebbe eisteische un aafange rischdisch woss ze arbeidde, könne die jo fast schonn die Rent beantraache du.«

»Wenn se dann spädäer üwwerhaabt noch e Rent bekomme.«

»Däs hätt's bei uns friehäer net g'ebbe. Es isse Schand gell. In deem Aldää wäre mir friehäer schonn dreima ve'heiraat' geweese, gell Agnees.«

»Un vier ma wieddäer geschiede.«

»Jaja-haha«, lacht die Gerdda. »Ei die habbe jo gesacht, heut wördd jeede zwaade Ehe ins Gebüsch… in die Brüsch gehe.«

»Es is wärkklisch e Schand. Nix hält mehr heutzedaach.«

»Ei wass dann? Friehäer hostde där e Wäschmaschien 'kaaft, die hot länger gehalde wie heut so manschää Ehemann.«

»Däs stimmtd – es is wärkklisch net mehr schee.«

»Ei die junge Weibsleut von heut habbe jo aach ein Männäerverschleiß – schlimmäer wie e Bohrmaschien un e Büschelbrett. Däs hot's bei uns frieher net g'ebbe. Däs kimmt alles von deem ganzse modderne Emmanzippatzjoons-Scheißdregg do.«

»Woss willst'n mache gell.«

»Jaja, die Zeide werre immäer schlimmäer.«

»Abbäer Hungäer un Dorscht habbe mer trotzdeem immäer.«

»Do säschstde ebbes, Agneees – do säschstde woss. So is däs gell. Isch muss aach nachher noch bissi woss koche.«

»Ei woss gibbt's dann Guudes bei eusch?«

»Ei mir habbe jo noch jeede Menge Flaasch von gestdäern iwwerisch *[Fleisch von gestern übrig]* un dodezu Gekwellde *[Pellkartoffeln]* un frische Sallat bei uns aus'm Gewäckshäusje – Radditschjo, waaßtde.«

»Ei mir flannze jo unsäern Sallatt aach selwer bei uns im Gardde aa. Bessäer wie en Gespritzde vom Aldi.«

»Seit wann hodde Aldi dann Äbbelwoi im Sorddiment?«

»Naaaa, kaan gespritzde Äbbelwoi. Isch mein en gespritzde Sallatt. De Äppler tringkt moin Mann sowwieso am liebstde ungespritzt.«

»Achsooou – jaja. Un woss gibbt's bei eusch heut Middach ze esse?«

»Ei mir esse heut ausnahmsweis ma erstd heut Awend. Isch habb noch so viel ze due heut – Fenstdäern buddze, Wäsch uffhänge, bieschele, uffräume, Staubsauche. Isch waaß gar net wo mer heut de Kobb steht. Desweesche esse mir erstd heut Awend ze Awend.«

»Achsooo – ei joo. Mach disch verriggtd gell. Immäer aans nachem annere.«

»Jo, die Hausarbbeitt erleedischt sisch jo aach net von elaans.«

»Däs stimmtd. Ei dann will isch disch ma net längäer von de Arbbeit abhalde...«

»Ach wass. Mär sieht sisch jo so oft aach net, gell.«

»Ei joh. dann mach isch mischema langsamm uff de Käerschhoof. Viel Spass noch beim Fenstdäernbuddze un Wäschuffhänge. Do obbe sin schonn paar dungkle Wölgschäer am Himmel du.«

»Ei jo, isch bin jo schonn so guud wie ferddisch midde Fenstdäern. Viellaascht sieht mär sisch jo demnääscht nochema, gell.«

»Ei isch komm jetzz öftdersema wieddäer nuff. Uff wieddääseeeehn, Agneeees.«

»Guude Bessäärung an de Ongkel Waldää! Mach's guud Tande Gerdda, gell!«

»Mach's bessää. Isch wäerd's em ausrischde. **Guuuuude!** *[Tschüss!]*«

4. Schlaachferddischkeit is däs Aah un Ooh

Mär säscht jo, däss de Hesse die Schlaachferddischkeit schonn midde Muddäermilsch uffgesaucht hot. Däs Probleem bei de ganzse Sach is, däss so manschäer Labbeduddel oddäer Hambel, wo dehaam unnerm Pandoffel vom Hausdrache steht un de Kischedisch von unne dabbeziert, sein wahres Podenzjaal net abbruufe duud – obwoohl's ja von Naduur aus innem drinn steggt.

Es kann abbäer nadierlisch aach annerstrumm *[umgekehrt]* sei, däss de Goddäergadde dehaam de Pascha raushänge lässt un die Fraa nix ze melde hot, gell.

ⓘ **Übberischens:** Beim Theema Schlaachferddischkeit gilt net die Dewiese, babbele is silbäer un es Maul halde is gold, gell – ganz im Geeschedeil! Wenn mär sisch net wehre duud un so bissi luschisch un schlabb doher kimmt, kann mär leischt e Zielscheib fäer dumme Sprüsch werrn un wärd als *Labbeduddel* geschenntd *[als Labbeduddel geschimpft]*.

Es is zwar net ganz unwischdisch, mit woss fäer Wordde mär uff werbaale Addagierunge *[verbale Attacken]* oddäer blääde Bemerggunge reagiertd, abbäer noch wischdischer isses, däss mär übberhaabt ebbes säscht un sisch traut es Maul uffzerobbe.

Mär därff nur kei Ängst habbe, ebbes falsch ze sache. Dann klabbt däs schonn.

ⓘ **Schlaachferddischkeit** is die Kunst, in unangenehme Sidduatzjoone **spondaan** un **fiffisch** mit **Humor** un

Worttwitz ze kondäern *[zu kontern]*. Dodemitd nimmt mär deem Annere de Wind ausem Seeschel, un mär selbst hot Obbäerwassäer gewonne.

Woss mär mäscht, wenn aa'm aanäer blääd kimmt

Ei bass uff, däs is ganz eifach...

1. Wenn aanäer mit nem blääde Spruch um die Egg kimmt, net gleisch die beleidischt' Lewwerworscht spiele. Immäer schee lässisch bleibe un loggäer dorsch die Bucks aadme, gell.
2. Körbbäerspannung uffbaue: Aarschbagge zesammekneife, Brust raus un grad hiestelle (abbäer net so, wie als hätt mär'n Stogg hinnedrinn stegge, gell. ☝)
3. Dem Annäern in die Fratz enei gugge *[Dem Anderen ins Gesicht schauen]* (aach wennäer hässlisch is): net de Kobb runnäerhänge losse un alls uff die Fieß glotze oddäer mit sei'm Schmarttfoon rumspiele. Aach net wie de Hans-gugg-in-die-Luft alls nach obbe oddäer sonstd ärschendwo in de Geeschend rumgugge.
4. Freundlisch läschele. Abbäer kein Dauäergrinse wie'n Hoonischkuchepferddsche uff Marriejohanna, sonnäern ganz nadürlisch.
5. Net lang faggele, mit kräftdischäer Stimm en Kondäerspruch *[Konterspruch]* raushaue, däss deem annere die Kauleist runnäerhängt un de Sabbäer fottbleibt *[die Spucke wegbleibt]*.

ⓘ De **Kondäerspruch** soll mööschlischst **orgginell un witzisch** sei un ganz wischdisch ☝, de Sidduatzjoon entspreschend **aagemesse** ausfalle, gell. Un es kimmt halt ebbe aach noch zusätzlisch druff aa, ob mär grad uff de Arbbeitt, dehaam oddäer in de Schdammkneip is un vor allem ween mär vor sisch hot!

Mein Nachbar, de Loddar gell, isse jo'n Fundskerll unnen subbäer Beischbiel fäer bodenständische Schlaachferddischkeit.

Wo de Loddar neulisch aus'm längere Urlaubb zerigg uff die Arbbeitt 'komme is, säscht en Kooleesch zu em: »Ei Guude hier! Du bis' jo aachemo wieddäer do. Mir habbe uns jo schonn eewisch net mehr g'sehe hier. Un? Musstde jetzz erstdema wieddäer neu aagelernnt werre? Hähähä.«

Säscht de Loddar ohne midde Wimbäer ze zugge: »Sollang DU Schlurie *[schludriger Kerl]* däs net mäschst, isses mer worscht. Hahahaha.«

Wer zeletzt lacht, lacht am besde, gell.

Däs is jo aach noch alles im griene Bereisch un net bees gemaant. *[nicht böse gemeint]*. Abbäer den konnt de Loddar sisch nadierlisch beim besde Wille net ve'kneife. Der babbelt jo aach grad wie em däs Schlabbmaul gewackse is, gell.

Jeedefalls, korzz dodruff kimmt'n annere Koleesch beim Loddar, guggt'n von obbe bis unne aa un säscht: »Mein liiie-bäää Scholli. Du host abbäer'n ganz scheene Ranzse krieht *[einen dicken Bauch bekommen]*, in deene drei Woche hier. Bekimmstde die Bucks dann übbäerhaabt noch zu? Hahahaha.«

Uff die fresche Bemerggung antwortt' de Loddar ohne ze zööschern *[ohne zu zögern]*: »Ach hier, do is noch jeede Menge Platz drin. Un? Wie war dann dein Urlaubb so? Däs Esse scheint jo net soo guud geweese zu sei, hä?«

Do is deem Kooleesch abbäer die Kinnlaad runnergefalle, du. Un als hätt däs net schonn gelangt, setzt de Loddar noch annäer obbedruff *[noch einen oben drauf]* un säscht: »Ei jo, woss willst'n mache? Musstde de Görddel halt ebbe bissi enger schnalle. Hahahaha.«

Eiderdaus! Do bistde baff gell un steehst machtloos wiesawie. *[Da bist du verblüfft und kannst nichts (mehr) machen.]*

Däs geeht bei deem ratzifatzi du. Net lang übbäerleescht un *zack-bumm*, haacht der deem Annere korzz un knaggisch ein Worttgeschwaader um die Ohre, wo sisch gewäsche hot – däs glaabstde abbäer du.

So isser halt, unsäern Loddar. Mär kennt'n jo. *[Man weiß ja, wie er ist.]*

☝ **Wischdisch** sin abbäer net nur die **Wordde**, sonnäern wie schonn gesäscht, aach die **Körbbäerspraach** un -haldung: Also dodebei uff gar kaan Fall in de Naas rumbohre, sisch obbe am Däätz *[Kopf]* kratze, nerwöös an de Fingäerneeschel rumkaue, net an de Weischdeile oddäer annere äußere Extreemitääde rumspiele un aach net sisch selwer midde Flosse in de Wiesaasch oddäer midde Händ hinne im Nagge rumfuchtdele.

Die Händ aus'm Säggel nehmme, net die Fäust balle un net die Ärmm verschrengke. Aach net die Händ zesammefalde, wie beim Beede in de Käersch, un uff gar kaan Fall (!) so e dreieggisch' Raude midde Finggäern mache – so wie däs die Merggel mäscht *[Merkel-Raute]*, waaßtde.

Es kann zwar sei, däss däs fäer de Ennergiefluss vom Körbbäer un Geist un so weidäer ganz guud is, es sieht abbäer ärschendwie ziemlisch beschisse aas. Ei'sch halt von dem ganzse essoteerische Sching-Schang-Fengschuhie-Kraam do, oddäer wie däs haaßt so'n'so nix, gell. Abbäer däs muss jo aach jeeder selbäer wisse.

Ei is jo aachema worscht jetzz. Es duud jo nix zur Sach, gell!

Uff jeedefall um Goddes-Himmels Wille bloß kaa Merggel-Raude midde Flosse mache, gell. Die Ärmm hänge eifach loggäer floggisch, ganz lässisch un leescheer *[lässig und leger]*, seidlisch am Körbbäer runner; abbäer aach net bambelisch *[bäumelnd/schlapp]* un labbeduddelisch.

Hädde mer däs aach gekläärt.

Uffbasse! De Kondäerspruch därff uff gar kaan Fall auswendisch gelernnt klingge, sondäern muss schbondaan un flüssisch, wie aas de Bissdool geschosse übbäer die Libbe drübbäer komme! Weil wenn mär so e großmäulisch Bambelschnuud *[Großmaul]* vor sisch hot, kann's ei'm nämlisch bassiere, däss de Annäern dann sarkassdisch wärd un säscht: »Hier, jetzz bin isch abbäer baff du. Deen Spruch hostde jo subbäer auswendisch gelernnt. Däs hostde fein gemacht. Isch habb jetzz gar kaan Leggerlie debei. Ei wer reschend dann aach dodemitd, däss aasgereschend du en vollständische Satz, soggar beinah flüssisch von dir gibbst. Däs muss isch mer unbedinggt im Kallennäer aakreuze du«, un so weidäer gell.

Un nochen klaane Tipp: Egal woss bassiert un woss de Annere säscht oddäer mäscht – Uff gar kein' Fall verunsischere losse! Weil bei so manschem Rasselbogg un Handkäässtämmäer steggt nämlisch erfahrungsgemääß außäer bissi heißäer Luft un Gerassel so'n'so nix dodehinner.

Also alls druff un kontra gebbe!

Ei wass dann? Mär muss sisch doch net alles gefalle losse. Wo simmäer dann?

ⓘ **Übberischens:** En eindeudisches Zeische, däss de Geeschenspruch *[der Gegenspruch/Konterspruch]* gewirggt hot, erkennt mär in de Reeschel dodedraa, däss de Annäern doodaal baff is un blääd aus de Wäsch guggt, wie so'n Dilldabb *[Trottel]*. Mansche fange aach an ze stoddere oddäer bekomme en roode Ballong *[einen roten Kopf]* un mache die Migg *[machen die Fliege]*.

Un immäer draa dengke: Übbung mäscht de Meisdäer, gell. Weil Schlachferddischkeit kann mär dorsch bissi Trääning lernne un sisch dodedorsch midde Zeit aneischne. Mär muss sisch halt nur uffraffe un bissi übbe. Un je öftders mär übbe duud, desdo bessäer wärd's. So is däs mit viele Sache – aach midde Schlachferddischkeit.

Un graad aach Leese und viel Babbele hilft aa'm dodebei, en guudes Spraachgefühl ze bekomme.

Unniwersell verwendbaare Antwordde un Kondäersprüsch

Ei bass uff jetzz! Wenn ei'm aanäer ärschendwie blääd kimmt, gibbt's so einische wundäerbaare Sprüsch, wo mär loslasse kann, ohne däss mär dodebei druff achde muss, woss de annern vorher gesäscht hot.

Abbäer 💣 **Uffbasse!** Die Antwordde misse trotzdemm immäer aagemesse *[angemessen]* sei! Inssofernn muss mär nadierlisch schonn die Lauschäern *[Ohren]* uffsperre, gell! 👆

Wemmäer so e schee Schdanndatt-Räbbättwa *[Standard-Repertoire]*, wie de Franzsoos säscht, verinnerlischt hot, wo mär im Noodfall druff zugreife kann, is dässen große Vorddeil. Weil däs gibbt aa'm nämlisch uff de aane Seit mehr Sischäerheit, falls ei'm ma wieddäer ärschend en Iddjood kweerkimmt, un uff de annäern Seit kammäer schnell reagiere, wenn's druff aakimmt.

Reaktzjoonsvermöösche un Geschwindischkeit sin bei de Schlaachferddischkeit enormm wischdisch; net zeletzt aach weesche'm Übbäerraschungseffeggt *[wegen dem Überraschungseffekt]*, waaßtde?

Es nützt jo aach nix, wenn ei'm erst en Daach spädäer die rischdische Antwortt eifällt. Mär ärschäert *[ärgert]* sisch grien, blau un schwarzz – däs kann isch däer saach du.

➤Hier einische Beischbiele von unniwerselle Kondäersprüsch (ⓘ Bidde nur zu Verteidischungszwegge eisetze!!! 👆):

🗣 »Saachema, bistde frühäer eischendlisch uff die Waldoofschuul g'ange oddäer als klaa Bobbelsche von de Wiggelkomood nunnergefalle? *[Sag mal, bist du eigentlich auf die Waldoof(Waldorf)schule gegangen oder als kleines Kind/Säugling vom Wickeltisch heruntergefallen?]*«

🗣 »(Wenn dir langweilisch is...) Geh ma bissi uff de Audobahn spiele. *[(Wenn dir langweilig ist...) Geh mal bisschen auf der Autobahn spiele (statt so einen Unsinn zu reden).]*«

🗣 »Hot (wieddäer) annäer die Null gewählt (‚däss du disch melde duust,) oddäer wass?!«

🗣 »Alle Achdung. Im Rahme von dei begrenzde geisdische Fähischkeide, hostde disch wärkklisch reedlisch bemieht, misch ze beleidische du. *[Alle Achtung. Im Rahmen deiner begrenzten geistigen Fähigkeiten, hast du disch wirklich redlich bemüht, mich zu beleidigen.]*«

🗣 »Saachema, sin dei Eldäern eischendlisch Geschwisdäer oddäer wass?«

🗣 »E Häernzell weenischäer un du wördd's grunzse un disch in dei eischene Scheiße suhle.«

🗣 »Geh mo do hinne um die Egg. Do steht e Mülltonn fäer disch!«

🗣 »Verzähl däs do dribbe/do hinne/do vornne de Mülltonn/deem Straaßeschild/de Laternn/de Parkuhr (...), (du Knallkobb!)«

🗣 »Woss willst dann du übbäerhaabt? Du waaßt doch gar net wie'n Maikäfäer schmeggt!« (Bedeudet so viel wie: *Du host ka Ahnung/Du bis grien hinner de Ohrn un kannst net mitredde.*)

🗣 »Wemmäer ka Ahnung (von nix) hot, eifach ma die Sabbel halde! *[Wenn man keine Ahnung hat, einfach mal die Klappe halten!]*«

🗣 »Musstde neddema langgsaam haam zu de Muddi ins Heijabettsche?«

🗣 »Wo de Hergott die Indelligenz verdeilt hot, hätt's de jo aachema weenischsdens husde könne, gell.«

🗣 »Knall däer ma'n Liddäer Äppler in die Bäernn, dodemidde ma klar wärst im Kobb un net alls so doll Zeusch babbels'.«; »Kibb däer ma'n Äppler in de Rache nei, dodemidde ma klaar wärst in deim häernverbrannde Kobb.«; »Babbel net so'n Scheißdregg un haach däer noch'n Äppler in die Bäernn, du Bembelkobb/Hannebembel!«

🗣 »Hostde där dann weenischsdens däs Kennzeische von deem LKW gemerggt, wo übbäer dei Wiesaasch drübbäer gerollt is?«

🗣 »Merggstde selbäer, gell. *[Merkste selber, ne?]*«, säscht mär am besde, wenn aanäer woss ganz offesischtdlisch Dummdreistdes, doodaal Unwitzisches, Prowwokanndes mäscht oddäer säscht.

🗣 »(Halt dei Gosch un) Kriesch in däs Loch zerrig, (in däs) von wo de her'komme bist. Aldäer Schlabbekiggäer (...)«

🗣 »Horschema. Hostde eischendlisch Schmerzzensgeld von deem Bauäer bekomme, wo dammols mim Treggäer übbäer dei Wiesaasch drübbäer gefahre is?«

🗣 »Saachema, war dein Frisör besoffe oddäer wass?«

🗣 »Dir hängt/lääft do woss Eeschlisches aus de Naas (du Hannebambel/(aldäer)Babbsagg/Grindkobb/Rotzlöffel...)«

🗣 »Hier, do fällt mer ebbe ei – Waaßtde wer nach dir gefraacht hot? – Kei Sau!«

🗣 »Wenn du e Migg *[Mücke]* verschlugge duust, hostde aach mehr Häernn *[Hirn]* im Bauch, wie in dei'm dolle Wassäerkobb (,gell du Simbel).«

🗣 »Kennstde Wäyn? Wäyn indressiert däs/Wäyn indressiert der Scheißdregg?«

🗣 »Hostde aaschentdlisch schonn gewusst? Wenn mär beim Guggel *[Google]* *Hannebambel* eidibbe duud, wärd dei Adress bei Guggel Mäpps aagezeischt.« – Selbst, wenn de Annäern däs jetzz uff sei'm Händie ausprobiere wördd, wördd der dosteehe wie'n Dilldabb *[Trottel]*.

🗣 »Däs war bestimmt hartt fäer disch geweese, wo de dammols in de Waldoofschuul dein' Naame dannse *[tanzen]* musstdest. Weil *Kwadraatsimbelskobb* is jo jetzz aach net grad e korzz' Wortt, gell.«

🗣 »Mit so'm (däämlische) Spruch kannstde allerhöschsdens aanäer/aan' beeindrugge, der wo uff de gleische niedrische Entwigglungsstuuf steehegeblibbe is/wo genauso unnäerbelischtdet/geisdisch zeriggeblibbe is wie du – zum Beischbiel de Neandertaläer.«

🗣 »Handkääs kann stingke. Un woss kannst du so?«

🗣 »Geeh haam Erbbse zähle, wenn dir langweilisch is (un de sonst ka annäern Hobbies host), du Kuhrindekagger *[Korinthenkacker]*/Krimmelkagger *[Krümmelkacker]*/Kimmelspalder *[Kümmelspalter]*/Dollbohrer/Dollbabbler/Bleschkobb (...)!«

🗣 »Wenn de Kuche babbelt, habbe die Krimmel die Gosch/die Babb (Abk.: *Babbschnuud*) ze halde.« (Däs kammäer unner annerm saache, wemmäer sisch am unnerhalde is, un ärschend en Simbel babbelt alls dodezwische un gibbt blääde Kommendaare ab.)

🗣 »Wer hoddann vom (Riwwel)Kuche gebabbelt, däss du Krimmel disch melde duust? *[Wer hat denn vom Sträuselkuchen geredet, dass du Krümel dich meldest?]*«

🗣 »Erst de Kobb eischalde, dann babbeln, gell!«

🗣 »Ei, woss simmäer witzisch du. Hostde heut Moind wieddäer'n Klaun gefriehstiggt?! *[Ach, was sind wir heute wieder witzig. Hast du heut Morgen wieder einen Clown gefrühstückt.]*«

🗣 »Ei, woss habbe mer gelacht. Hostde wieddäer'n (Karnnewalls)Kasbäer verschluggt, hä?!«

🗣 »Du bis' abbäer ganz schee muudisch, so de Haafe uffzerobbe du. Hostde heut Nacht mim Subbäermannhefftsche unnäerm Kobbkisse geschloofe, hä?«

🗣 »Geh fott, du Knallerbbs!«

🗣 »Uffbasse! (Net fresch werrn, Freundsche!/Ganz dünnes Eis hier, gell/Gleisch rabbelt's im Karddong!/Gleisch klattscht's, abbäer kaan Beifall!)«

🗣 »Uffbasse, Freundsche! Mir sin net zesamme in die Schuul g'ange!«, säscht mär in de Reeschel dann, wenn en junge Schnöösel oddäer'n Halbstargge *[Halbstarker]* zu nem Äldere fresch wäerd.

🗣 »Hostde heut wieddäer Babbelwassäer gesoffe oddäer wass?«, kammäer saache wenn aanäer ze viel (Bläädsinn) babbelt.

🗣 »Wenn du ma stirbbs', stelle se disch beschdimmt als de letztde üwwerisch geblibbene Neandäertaler im Senckebersch/Senggeberschmuseum (in Frankfortt) aas du *[Wenn du mal stirbst, stellt man dich bestimmt als der letzte noch verbliebene Neandertaler im Senckenbergmuseum (in Frankfurt) aus]*.«

🗣 »Oh Herr, lass Häern reeschne *[Oh Herr, lass Hirn regnen]*!«

🗣 »Du glaabst doch jetzz net all'n Ernstdes, däss isch misch uff dein geisdische Niewwo enunnerloss *[herablasse]*.«

🗣 »Wenn de maanst, isch wördd misch mit so'm geisdische Diefflieschäer wie dir disbediere, hostde disch abbäer ganz gewalldisch geschnidde *[Wenn du meinst, ich würde mich mit so einem geistigen Tiefflieger wie dir disputieren, irrst du dich aber ganz gewaltig]*.«

🗣 »Hot aanäer'n Forzz/e Bumbesje *[Flatulenz]* gelasse oddäer wass?«

🗣 »Wo de grad Blesch am Redde bist – woss mäscht'n dei (aal) Bicks *[deine alte Büchse = (Ehe)Frau]*, (du Bleschkobb)?«

🗣 »Woss säschst'n du als Außensteh'ndäer/Unbeteilischtder *[als Unbeteiligter]* eischentdlisch zum Theema Indelligenz?«

Die Ufflisdung is beliebbisch erweidäerbar, gell.

ⓘ Wie mär sieht, kann mär an jeeden Kondäerspruch aach noch zusätzlisch e Tiddulierung hinne mit draahänge, wie beischbielsweise: *du Hannebambel, du Dummschwätzer, du Dollbabbler, du Bambelschnuud, du Schluurie, du Krimmelkaggäer* un so weidäer. Weidere Aareeschunge un Inschbiratzjoone *[Weitere Anregungen und Inspirationen]* sin im Schimpfwörddäerbuch, hinne im Aahang fein-säubäerlisch in alfabeedischäer Reihefolge uffgeführtd.

💣 **Uffbasse!** Aach hier wieddäer unbedinggt druff achde, däss aach die Tiddulierung aagemesse is! ☝ Wemmäer sei eischen Fraa oddäer sei'n Scheff uff de Arbbeitt en *blääde Affekobb* schennt, is däs unaagemesse, kontraprodduggdief un aach net mehr lusdisch, gell.

Mär muss uffbasse, däss mär net in die unnerstde Schubblaad greift un däss mär sisch uffem gewisse geisdische Niewwo beweescht! Weil sonstd wäerd mär aach gar net mehr ernstd genomme.

Gezielde Kondersprüsch uff dumme Bemerggunge

Liest batt nott lasst *[Last but not least]* un zu guuder letzt noch einische dumme Bemerggunge un bläääde Sprüsch, wo häufisch benutzt werre un wie mär dodedruff am besde reagiert.

»Kerlle, du siehs' abbäer heut alt aas du.«

- 🗣 »Däs kann sei. Abbäer trotzdeem immäernoch bessäer wie du.«

»Tolle Haggelsche *[Zähne]*, gibbt's die aach in weiß?«

- 🗣 »Dolle Wiesaasch, gibbt's die aach in schöön?«

»Saachema, gibbt's disch eischentdlisch aach in schöön?«

- 🗣 »Saachema, gibbt's disch aaschentdlisch aach in schlau?«

»Loss däer ma die Haarn schneide, du Zoddelkobb.«

- 🗣 »Rasier du däer erstdema die Haarn von de Zung runner. Dann sehe mer ma weidäer.«

Mann zur Frau: »Saachema, hot disch eischendlisch schonnema aanäer fäer'n Mann gehalde?«
Frau zum Mann: »Saachema, hot disch eischendlisch schonnema aanäer fäer e Fraa gehalde?«

- 🗣 »Naa, disch?« (Basst in jeeder Konstellatzjoon)

»Dei Witzje sin Asbach.«
- 🗣 »Un dei uralt.«

»Bei dir hodde Scheenheitsschieroog *[Schönheitschirurg]* abbäer aach ganz schee gehuddelt *[gepfuscht]* du.«
- 🗣 »Un bei dir anschein'd de Gehäernnschieroog *[Gehirnchirurg]*.«

»Du bist jo vielleischt en Armleuschder.«
- 🗣 »Bessäer'n Armleuschder, als wie doodaal unnerbelischded, gell.«

»Du bis' abbäer ganz schee schwach uff de Ribbe. Hier gugg däer ma mei'n Biezepps aa. Däs sin Musggele hier, hä?«
- 🗣 »Jo. Awwer woss nützt däs aa'm, wemmäer in de Ärmm dausend Wollt hot un obbe im Gehäernskasde *[Gehirn/Kasten]* ständisch die Sischäerunge dorschbrenne/dorschknalle, gell.« (Aldernadief kann mär aach saache: »... wenn obbe im Speischäer/im Obbäerstübbsche ka Lischt brennt.«)

»Du bis doch nur e klaa *[kleine]* Hausfrau.«
- 🗣 »Däs Aanzsischsde Wortt, woss in deem Satz stimmt is *klaa*. Weil isch führ nämlisch'n klaanes erfolgreisches Fammiljenunnernehmme, du Simbel.«

Wenn aanäer mit lauder beese Wörddäern um sisch schmeißt, ruhisch bleibe un saache:
- 🗣 »Raach däer ma'n Tschoind *[Joint]*. Kiffe hilft geesche Turett *[Tourette-Syndrom]*.«

- 🗣 Oddäer: »Geh ma zum Doktdäer un loss däer ma bissi Kannabiss verschreibe. Kiffe soll jo geesche däs Torett-Sünndroom do ganz guud helfe.«

Säscht dem Loddar sei Fraa, die Gerdda zu em: »Saachema, hostde heut wieddäer dei Adwentsbucks aa? *[Sag mal, hast du heute wieder deine Adventshose an?]*«

»Wiesooouu?«

»Ei, weil bei dir do vornne es Kalennäerdürsche sperrangelweit uffsteeht.«

Do säscht de Loddar: »Ei jooo, sollang net aach noch die Christbaamkuchele un die Kerzz do unne raushänge...«

»Ei du host jo bald en Plattkobb *[Du hast ja fast/bald eine Glatze]*, wenn däs so weidäer geeht mit dei'm Haarausfall.«

- 🗣 »Wo die Haarn weische, do wäckst de Verstand, gell.«

»Jesses! Du frisst jo wie'n Scheunedreschäer, Kerlle naa.«

- 🗣 »Abbäer nur so viel wie nöödisch, gell. Wosses Körbbersche braacht, däs braach es Körbbäersche halt ebbe. Woss willst'n mache? Jeedäer Mensch hot halt'n annäere Stoffwecksel, gell.«

»Du bis'so dabbisch wie'n Lutschäer babbisch!«

»Un du so dreggisch, wie'n Kottlett feddisch!«

»Du bis'so gäggisch, wie'n flieschende Debbisch!«

»Un du schusselisch, wie e Kolder fusselisch!«

»Du bis'so babbisch, wie'n Dilldabb dabbisch.«

»Un du so schlau, wie die griene Wies blau.«

»Du bis'so dumm, wie e Banäänsche krumm.«

»Un du so debb', wie'n Krumme schebb.«

Sooo. Jetzz könntdäer euäern Kreadiewwidäād freie Lauf losse un eusch aachemo selbäer ebbes ausdengke, gell.

ⓘ Un hier noch die wischdischsde Reeschel zum Schluss: 👆 Disbedier disch nie mit Iddijoode. Die ziehe disch uff der ihrn Niewwo runnäer un schlaache disch do unne mit ihre Erfahrung. *[Diskutiere niemals mit Idioten. Sie ziehen dich auf ihr Niveau herunter und schlagen dich dort mit ihrer Erfahrung.]*

Un bevor mär sisch noch unnöödisch uffreescht, lässt mär de Herrgott en guude Mann soi, petzt en scheene Schobbe un schütt' in alläer Gemiedlischkeit un seeleruhisch soin' Äbbelwoi, vom Gerribbde in de Hals enoi!

Prost!

5. Hessische Leebensweisheide

Aus ungeleeschtde Eiäer schlübbe ka Hingkelschäer.
Aus ungelegten Eiern schlüpfen keine Küken.

Aus'm traurische Aarsch kimmt kein fröhlische Forzz.
Aus einem traurigen Hintern, kommt kein fröhlicher Furz.
(vom Maddin Luddää ins Hessische übbäernomme.)

Bevor isch misch uffreesch isses mer liebbäer egaal.
Bevor ich mich aufrege, ist es mir lieber egal.

Däs Stöffsche muss ins Geribbde!
Uff jeede Fall! *Der Apfelwein (Das Stöffchen) muss ins gerippte Apfelweinglas.*

De Bembel wärd sollang an de Schdammdisch getraache, bis die versoffen Äbbelwoischnuud uff de Disch brischt.
Der Apfelweinkrug wird solange an den Tisch getragen, bis der versoffene Apfelweintrinker auf den Tisch bricht.
(Abgeleitet von der Redensart »Der Krug wird solange zum Brunnen getragen, bis er bricht.«)

Dehaam is dehaam.
Zuhause is Zuhause (Heimat ist Heimat).

Die Jungfraa un die Lewwerworscht bleibe eewisch unäerforscht.

Die Jungfrau und die Leberwurst bleiben ewig unerforscht.

Es geht de Mensche wie de Leutd.

Es geht den Menschen wie den Leuten.

Es gibbt nix Schleschdes, außäer mär mäscht's.

Es gibt nicht Schlechtes/Böses, es sei denn man tut es/macht es.

Es kimmt wie's kimmt.

Es kommt wie es kommt.

Es Leebe kann so eifach soi, mit Gemiedlischkeit un Äbbelwoi.

Das Leben kann so einfach sein, mit Gemütlichkeit und Apfelwein.

Es wärd g'esse woss uff de Disch kimmt - ferddisch!

Es wird gegessen was auf den Tisch kommt – fertig!

Hauptsach es basst dorsch de Hals un mäscht schwinnelisch.

Hauptsache es passt durch den Hals und macht schwindelig.
(Bezogen auf Apfelwein)

In de alläergräeßtde Nood schmeggt die Worscht aach ohne Brood.

In der allergrößten Not schmeckt die Wurst auch ohne Brot. Hauptsach Worscht. Alles annere is (worscht)egal.

Jeed' Dibbsche find' e Deggelsche.

Jeder Topf findet einen Deckel.

Je schlimmäer däs Weib, desdo schäänäer die Kneib. Je schäänäer die Kneib, desdo schlimmäer fäer's Weib.

Je schlimmer das Weib, desto schöner die Kneip'. Je schöner die Kneip', desto schlimmer für's Weib.

Klaane Dibbscher koche leischtd üwwer.

Klein Töpfchen kochen schnell über.

Lebbe geht weider.

Das Leben geht weiter. (Kopf hoch, das wird schon wieder!)

> *Es Leebe is wie's Weddää. Manschma wollgisch manschma heidää. Es Lebbe geht weidää. Mir misse es Besde drauß mache. Am besde geht's mit Freundlischkeit un Lache.*

Liebbäer Äbbelwoi wie Biergebräu.

Lieber Apfelwein als Bier.

Liebbäer e rund' Bäuschelsche vom Esse un Tringke, wie en krumme Buggel vom Schaffe.

Lieber einen runden Bauch vom Essen und Trinken, als einen krummen Rücken vom Arbeiten.

Liebbäer en End mit Schregge, als wie mit Schregge verregge.
Lieber ein Ende mit Schrecken, als mit Schrecken verrecken.

Liebbäer ze viel gegesse, wie ze weenisch getrungke.
Lieber zu viel gegessen, als zu wenig getrunken.

Mär nimmt woss mär krieje kann.
Man nimmt was man bekommen/kriegen kann.

Mir tringke jo net fäer de Schbass!
Wir trinken ja nicht zum Spaß. (Das Gegenteil is der Fall.)

Mir strunze net, mir habbe.
Wir prahlen nicht, wir haben's.

Nur die Hardde komme in de Gardde.
Nur die Harten kommen in den Garten.

Ob Äbbelwoi, Äppler oddäer Schobbe, däs Stöffsche is un bleibt en guude Trobbe.
Egal, wie man den Apfelwein bezeichnet (ob *Äbbelwoi*, *Äppler*, *Schoppen* oder *Stöffchen*), es ist und bleibt ein guter Tropfen.

Weem Gott will reschde Gunst erweise, deen schiggt äer in die Worschtfabbrigg. Den lässt äer in die Knaggworscht beiße un gibbt em nochen Uffschnitt mit.

Wem Gott will rechte Gunst erweisen, den schickt er in die Wurstfabrik. Den lässt er in die Knackwurst beißen un gibt ihm noch einen Aufschnitt mit.

Wenn de (Hand)Kääs g'esse is, isser g'esse.

Wenn eine Sache erledigt ist, ist sie erledigt/abgehakt.

Wie de Herr, so's Geschäerr.

Wie der Herr, so (auch) das Geschirr.

Wie die Eltern, so die Kinder; Wie der Vater so der Sohn etc.

Woss mär net im Kobb hot, däs hot mär in de Baa.

Was man nicht im Kopf hat, das hat man in den Beinen.

(Wenn man ständig etwas vergisst zu holen oder zu besorgen, dann muss man eben öfter hin- und her laufen und körperlich fit sein.)

6. Hessische Reddensardde

A

aagebbe wie e Dudd voll Migge

Maßlos angeben

> *»Der gibbt aa wie e Dudd voll Migge.«*

aanem däs schwarzze unnäer de Finggäernääschel net gönne.

Jemand ist sehr missgünstig

> *»Der gönnt aa'm noch neddema däs Schwarzze unnäer de Finggäernääschel net, de Neidhammel.«*

aanäer midde Wicksbäerschtd üwwerziehe

Jemandem eine Tracht prügel verpassen

aanäer vor de Laddz knalle

Jemanden körperlich attackieren

aanäer an de Erbbs habbe

nicht voll zurechnungsfähig sein

aanäer uff die Brezzel krieje

Gehauen werden

aanäer druff lasse

Sich einer Sache ganz sicher sein; sich auf etwas verlassen

aanäer druff mache

Feiern und Alkohol konsumieren bis zum Abwinken.

> *»Heut mache mer aanäer druff, däss die Buud waggeltd.«*
> *»Da kannstde abbää aanäer druff lasse du.«*

Äbbelwoi! Hals enoi!

Hessischer Trinkspruch

Alles palleddi

Alles in Ordnung

Alles im griene Bereisch

Alles bestens (*Alles im grünen Bereich.*)

Alls druff!

Immer drauf!

Alls weidäer

Immer (so) weiter

> *»Ei Guude, wie?«*
> *»Guude. Alls weidäer, gell.«*

Alls woss anneres

Immer etwas anderes, sagt man, wenn sich Ereignisse überschlagen und diese als lästig oder unangenehm empfunden werden.

Arbbeidd mäscht däs Leebe süeß, awwer am meisde deene, die se de annere iwwerlosse.

Arbeit versüßt das Leben, aber am meisten denen, die sie anderen überlassen.

B

Beleidischtd Lewwerworscht

Überempfindlicher Mensch, der schnell eingeschnappt oder gekränkt ist (*beleidigte Leberwurst*)

> *»Jetzz schdell disch net so määdschehaft aa un schbiel hier ma net die beleidischtd Lewwerworscht, gell.«*

Bistde noch ganzs fusbäer oddäer wass?

Bist du noch ganz dicht oder was?

Bleiäern Ent

Nichtschwimmer (*bleierne Ente*)

> *»Der schwimmtd wie e bleiäern Ent.«*

Blesch redde

Unsinn reden, dummschwätzen

»Loss uns ma bissi Blesch redde. Woss mäscht'n dei aal Knodderbicks?«

Braach mer gar net drübbäer redde

Da brauchen wir gar nicht drüber zu reden. Eine Sache ist nicht der Rede wert.

Bröggelschäer hustde

Erbrechen

D

Däs basst wie Faust uffs Greedsche

Das passt wie die Faust auf's Gretchen/Auge; Die scherzhafte Abwandlung bezieht sich auf Goethes *Faust* und bedeutet, dass etwas sehr gut zusammenpasst.

Da kännt isch grad verriggt werre/aus de Bucks hübbe

Da könnte ich gerade verrückt werden/aus der Hose hüpfen; sagt man, wenn man sich über etwas aufregt.

Da steh isch jetzz, isch armäer Toor, un bin so schlau, als wie zevor

Textpassage aus Goethes *Faust* ins Hessisches übbersetzt

Da stehstde da, wie's gerubbtde Hingkel vor'm Küschescheff

Da stehst du da, wie das gerupfte Huhn vor dem Küschenchef; Man ist machtlos.

Däs Dibbsche zum Übbäerlaafe bringge

Das Töpfchen/das Fass zum überlaufen bringen.

Däs is fäer die Fieß

Das ist für die Füße; etwas ist sinnlos/umsonst (für die Füße)

Däs Lebbe is ka Ponnyschlegge

Das Leben ist kein Ponyschlecken; Zusammengesetztes Sprichwort aus *Das Leben is kein Ponyhof* und *Das Leben ist kein Zuckerschlecken*

Däs sin halt (all) so Sache, gell.

Das sind halt alles so Sachen; unbegreifliche Dinge

de Bäerddel hieschmeiße

aufgeben

de Mägges mache

❶ sich überempfindlich anstellen ❷ sich lautstark (großmäulig) gegenseitig einschüchtern und anrempeln (*Rämmbelei*), was jedoch nicht unbedingt zu einer handgreiflichen *Klobberei/Bumberei* führen muss.

> *»Isch stegg där de Kobb zwische die Ohre, du Hannebambel!«*
> *»Makier hier ma net de halbstargge Mägges, gell, sonstd schdummb isch disch uff, däss de pladdische Fieß kriehst un Lummbe kotzt, du Hallebatsch.«*
> *»Isch haach där dein dolle Wäerschingkobb dorsch de Hals in de Maache nei. Do kannstde dorsch dei*

Ribbe gugge, wie'n Wellesiddisch im Kääfisch von dei Omma.«

de Offebäschä mache

Einen Offenbarungseid leisten (*den Offenbacher machen* = Insolvenz beantragen)

de Buggel gewäsche krieje

Den Rücken gewaschen bekommen; Jemandem unterlegen sein

de Buggel nunnäerrutdsche

Den Rücken herunterrutschen; Jemandem gleichgültig sein

de Haase gebbe

Lebensmittel wegwerfen

de Russ habbe

Den Russen haben; verkatert sein

De Vorddeil vom Äbbelwoi is, däss mär vom Stöffsche kein Bierbauch bekimmt

Der Vorteil vom Apfelwein ist, dass man von dem Stöffchen keinen Bierbauch bekommt.

Die Meinung geische

Jemandem die Meinung geigen.

»Dem Aarsch geisch isch die Meinung.«

Mim naggische Bobbes ins Gesischtd hibbe.
Jemandem mit dem nackten Hintern ins Gesicht springen. (vor Zorneswut)

Der dabbeziert dehaam de Kischedisch von unne
Er tapeziert den Küchentisch von unten; Umschreibung für einen unterdrückten Ehemann

Der ihrn Rogg is so weid, do basst noch loggää en Unnäermieder nei
Ihr Rock/Kleid ist so weit, da passt noch locker ein Untermieter/Untermieder rein.

Die Aarschkartt gezeischt krieje
Von anderen Personen als unsympathisch empfunden werden

Die Aarschkartt ziehe
Pech haben

Die dümmstde Bauäern erntde die diggstde Kardoffele
Die maximale Volumina (die dicksten) subterraner Agrarprodukte (Kartoffeln) steht in diametraler Relation (entgegengesetztem Verhältnis) zur intellektuellen Kapazität des Produzenten (Bauer).

Die Flääh hustde häern
Die Flöhe husten hören; Jemand hat gute Ohren/ist spitzfindig

Die puddelnaggisch Kränk krieje
Die pudelnackige Krankheit bekommen; Es ist zum Verrücktwerden/zum Verzweifeln

Die Schebbe sin all net grad.
Die Schiefen sind alle nicht gerade.

Dorscht is schlimmäer wie Haamweh
Durst ist schlimmer, als Heimweh.

Do falle die Migge (dood) von de Degg
Da fallen die Fliegen von der Decke.

> *»Däs stingkt uff'm Aabee [Toilette], do falle jo die Migge dood von de Degg du.«*

Do stehstde machtlos wiesawie
Da stehst du machtlos von Angesicht zu Angesicht/gegenüber. (vis a vis); Da kann man nichts machen.

Do verregt die Wutz im Schdall
Da stirbt die Sau im Stall.

Do zieht aam's Hemmd hinnenei
etwas ist peinlich

Driggo draggo in Barraggo
Koitus interuptus in der Baubude

Druff un dewäeddäer!
An die Arbeit! (*Drauf und dagegen!*)

Du bis' so blääd, däss die Säu nach dir schnabbe.
Du bis so dumm, dass dich die Schweine beißen.

Du bis' net nur blääd, du stinks' aach nach Maggie.
Du bist nicht nur dumm, du stinkst auch nach Maggie. (Däs muss mär net unbedinggt verstehe!)

Du bis'so doll, wie de lang bis't
Du bist so blöd, wie du lang bist.

Du wäers' disch aach noch umduun/umgugge
Du wirst dich auch noch umsehen/wundern.

E

Ebbes am Sträusje habbe
Denkschwierigkeiten und/oder einen Knall haben

E Friggadell ans Ohr babbele
Jemanden zutexten

> *»Willstde mer hier jetzz e Friggadell ans Ohr babbele oddää wass?«*

E Fudd uff die Bagg maale
Jeden Unsinn glauben, den man erzählt bekommt.

»Loss disch net veräbbele un loss dä' von deene Babbsägg ka Fudd uff die Bagg maale.«

E Gesichtd wie's Leide Christi mache

Ein wehleidiges Gesicht machen

»Woss is dann dir wirrer fäer e Laus iwwer die Lewwer gelaafe? Zieh net so e Brutdsch. Du mäschs' jo'n Gesischtd wie's Leide Christi, Kerlle naa.«

E Maul wie e Scheuerdoor

Jemand hat ein großes Maul (*wie ein Scheunentor*)

E Radd abhabbe

Ein intellektuelles Defizit aufweisen/Einen Knall haben.

Ei Karll, mei Trobbe (Kallmeidrobbe)

Die Redewendung stammt ursprünglich aus der Hörspiel- und Fernsehserie *Familie Hesselbach*. Aus Mangel an Argumenten simulierte Mama Hesselbach mit dem Satz »Ei Kall, mei Drobbe« (*Karl, meine Tropfen*) des öfteren einen Schwächeanfall.

En Dubbe habbe

Jemand ist nicht ganz dicht

»Isch glaab du host'n Dubbe du.«

En flodde Oddo

Durchfall haben; auch als *Dorschmarsch* (Durchmarsch), *Dinnschiss* oder *en Dünne* bezeichnet.

»Isch muss ma grad uff de Aabee.«
»Alls wieddää? Du warst doch vorhind erstd uffm Kloo. Hostde'n flodde Oddo, hä?«

En grooße Booche spugge

Sich aufspielen; große Töne spucken

En Loch in de Bauch babbele

Jemanden zulabern.

Es häert net uff ze bassiern

Es hört nicht auf (zu passieren); Etwas nimmt kein Ende.

Es is noch kaan Meistdäer vom Himmel nunnäergefalle. (Dodefäer umso mehr Lusche.)

Es ist noch kein Meister vom Himmel gefallen. (Dafür umso mehr Nieten.)

Es stingkt nach Leddäer. Dei Rieme hänggt naus.

Es stinkt nach Leder. Dein Riemen hängt raus. (Jemand hat den Hosenstall offen)

Es will mer net in de Kobb enei, wie kann en Mensch net von Hesse/Frankfurt sei

Es ist mir unbegreiflich, wie ein Mensch nicht aus Hessen/Frankfurt sein kann.

Esse un Tringke sin die drei schäänstde Saache im Lebbe

Essen und Trinken sind die drei schönsten Dinge im Leben.

F

Fäer'n Abbel un' Ei/Fäer'n Knobb un' Kliggäer

günstig (zum Spottpreis) abzugeben (*Für einen Apfel und ein Ei/Für einen Knopf und eine Murmel*)

F(ä)erzz im Kobb

Träumereien/Spinnereien, Blödsinn/Unsinn (*Fürze im Kopf*)

F(ä)erzz/Ferzz mit Krigge

Fürze mit Krücken; Unnötiges, Firlefanz, Spinnereien; abwertende Meinung über ein gewagtes Unternehmen, das utopisch oder zu gewagt oder ehrgeizig erscheint.

> *»Woss willstde dann mit so'm deure Audoo do? Däs sin doch Ferzz mit Krigge.«*

Fix un ferddisch

Fix und fertig

Fraggduur redde

Fraktur reden; Klartext reden, unmißverständlich seinen Standpunkt darlegen.

> *»Loss unsema net ums haaße Dibbe erum babbele. Redde mer ma Fraggduur.«*

Fratze mache

Jemandem/n nachäffen

G

Gaasegischdäer bekomme

Wenn einem etwas auf die Nerven geht un einem etwas sprichwörtlich auf die Palme bringt.

Gehn Se her, mache se fott

Kommen Sie her, gehen Sie weg.

Gehubbt wie gedubbt

Gehüpft wie gesprungen; das ist alles das Gleiche

Gieß dein Kaggduss, sonstd verdäerd äer däer. (...fäerdäerdäerdäer)

Gieß deinen Kaktus, sonst verdorrt er dir. (verdäerrd|äer|däer)

Glei hostde dei letzt Bumbesje/dein' letztde Forzz gelasse, du.

Gleich hast du deinen letzten Furz gelassen.

H

Heiland, Fudd un griene Boohne (nochemol)

Fluch: *Heiland, Fotze und grüne Bohnen.*

Hell, wie e Päcksche Dungkel

Es ist sehr dunkel.

> *»Drauße isses hell, wie e Päcksche Dungkel.«*
> *»Du bis'so helle, wie e Päcksche Dungkel.«*

Hier rieschť's, wie allsema im Windäer in Zeilsheim.

Hier riecht es, wie manchmal im Winter in Zeilsheim (Stadtteil von Frankfurt, in der Nähe der (ehemaligen) Farbwerke Hoechst.)

I

Isch äerscher misch net unn wenn isch verregg vor Zornn!

Ich ärgere mich nicht und wenn ich verrecke vor Zorn.

Isch battsch där aa, däss där de Kobb fottflieht.

Ich hau dir eine, dass dir der Kopf wegfliegt.

Isch gäbb dä' fäer's Knorrn/Knorre

Ich gebe dir für's Knurren; »Dir werd' isch's zeigen.«

Isch glaab du host de Kiddel am Brenne/Isch glaab, dir brennt de Kiddel

Ich glaube, du spinnst.

Isch glaab du host en nasse Kääs im Säggel

Ich glaube, du hast einen nassen Käse in de Hosentasche.

Isch haach där aans uffs Aach un uffs anner Aach aach. Wenn du misch uffs Aach haachst, haach isch där aach aa uffs Aach

Ich haue dir eins aufs Auge und aufs andere Auge auch. Wenn du mich aufs Auge haust, haue ich dir auch eine aufs Auge.

Isch kann net mehr babb saache; Isch bin babbsatt

Jemand ist satt bis zum Rand.

J

Je schlimmäer däs Weib, desdo schäänäer die Kneip. Je schäänäer die Kneip, desdo schlimmäer fäer's Weib

Je schlimmer das Weibe, desto schöner die Kneipe. Je schöner die Kneipe, desto schlimmer für's Weibe.

K

Kaan Muggsäer von sisch gebbe

Keinen Laut von sich geben

> *»Do lieścht äer uff de Erdd un gibbt kaan Muggsäer von sisch.«*

Kerlle naa

Ausruf des Entsetzens

Korzz un bündisch

Kurz und bündig.

L

Liebbäer e braadbaanisch Segredeerin wie en engschdirnische Scheff

Lieber eine breitbeinige Sekretärin, als einen engstirnigen Chef.

Liebbäer en waggelische Schdammdisch wie en fesde Awweiddspladds

Lieber einen wackeligen Stammtisch, als einen festen Arbeitsplatz.

Lebbäer dugg disch, es kimmt Nachschuub

Trinkspruch

Loggää dorsch die Hooseträäschäer aadme

Schön entspannt bleiben.

> *»Hier Scheff! Immäer schee loggää dorsch die Hooseträäscher aadme, gell. Moondaach is Ruuhedaach. Isch muss misch erstdema vom Wocheend erhoole.«*

M

Mach die Migg

Hau ab!; *Mach die Fliege.*

Mach die Migge net scheu

Mach die Fliegen nicht scheu.

Mär waaßes net... (mär mungkelt nur)

Man weiß es nicht, man munkelt nur.

Mer driggt de Ranzse

Bauchschmerzen (*Mir drückt der Ranzen*)

Midde Ohrn schlaggäern

Überrascht sein

> *»Da schlaggerstde abbäer midde Ohrn.«*

Mim lingke Aaach in die reschtde Westdedasch gugge
schielen

Mir hängt de Maache nunnäer bis uff die Stiffel/bis zu de Knöschele
Jemand ist sehr hungrig.

Mir Hesse sin die Besde, die wo gibbt.
Ei wass dann?

N

Net alle Bembel im Schrank habbe
Pendant zu *nicht alles Tassen im Schrank haben.*

Net ganz knussbrisch in de Baggstubb sei
Jemand der nicht ganz dicht ist, wird so bezeichnet.

Net em Schaffäer sei Ding sei
Jemand arbeitet nicht gerne.

> *»De Kerll is net em Schaffer sei Ding.«*

Net hinne wie vornne sei
Jemandem, der *nicht hinten wie vorne* ist, kann man nicht trauen.

O

Obbe hui, unne fui

Abwandlung von *Außen hui, innen pfui*

Och joah

Sag bloß?; Was du nicht sagst.

Oh Herr, loss Awend werre. Wenn mööschlisch noch am Daach

Oh Herr lass Abend werden, wenn möglich noch am Tag, sagt man, wenn man sich wünscht, dass der Tag schnell vorbeigehen soll.

P

Prost Neijohr! E Brezzel wie e Scheierdoor, en Leebkuche wie en runde Disch, däss mer sieht, dass Neijohr is

Prost Neujahr! Eine Bretzel/ein Gesicht wie ein Scheunentor, ein Lebkuchen wie ein runder Tisch, dass man sieht, dass Neujahr ist.

R

Ratzifatzi

Ganz schnell

Rubbel die Katz
Beeilung!; Schnell!

S

Sagg Zämend nochemol
Fluch, bei dem *Sakrament* durch *Sagg Zämend* ersetzt wird und welcher nicht ausschließlich unter Bauarbeitern verwendet wird.

Schglaabsgehtloos
Ich glaube es geht los

(Auf!) Schnibbel die Biggs
Beeilung!

sisch aastelle, wie e Kuh beim Krebbelbagge
Sich dämlich/bescheuert anstellen

sisch ableesche
Schlafen gehen

sisch Franzse ans Maul babbele / sisch de Mund fusselisch babbele
Umsonst reden; wiederholt auf jemanden Einreden, ohne Ergebnis; durch ständiges Wiederholen versuchen, jemanden zu etwas zu bewegen

sisch lebbäern
Sich anhäufen

sisch scheggisch lache
Sich scheckig/kaputt lachen.

T

Tringk isch Wassäer wäerd isch faul. Sauf isch Dreggbier verzieh isch's Maul. Petz isch Schobbe wäerd isch voll. Jetzz waaß isch, däss isch Äppler schlugge soll
Trinke ich Wasser, werde ich faul. Sauf ich Colabier verziehe isch das Maul. Trinke ich Apfelweinschoppen werde ich voll. Jetzt weiß ich, dass ich Apfelwein trinken soll.

U

Uffbasse!
Aufpassen!

Uff die Brezzel fliesche
Hinfallen

Uff die Schibb nehmme
Jemanden hochnehmen/*auf die Schippe nehmen*.

Unne, unne. Obbe, obbe. Unne, obbe, Schobbe klobbe. Um de Kobb, an de Kobb, in de Kobb
Hessischer Trinkspruch

Unsäer Schobbe unerreischtd. Zwaa gesoffe, vier geseischtd
Unser Apfelweinschoppen unerreicht. Zwei getrunken, vier geseicht (gepinkelt).

V

Vom Bembel ins Geribbde. Vom Geribbde in de Kerll.
Vom Apfelweinkrug ins gerippte Apfelweinglas, und von dort in den Konsumenten.

Vom Bembel ins Geribbde, vom Geribbde in de Hals. Äbbelwoi, de Hergott erhalt's.
Vom Bembel ins Gerippte (Apfelweinglas), vom Gerippten in den Hals...

vom Flaasch falle /vom Stängel kibbe
umfallen

> *»Du fälls' jo bald vom Flaasch, du Däerrabbel.« [Du fällst ja bald vom Fleisch du Dünnrappel.]*

von de Sogge sei
Postitiv oder negativ überrascht/verblüfft/verwundert sein.

»Woss bist du? Schwangäer? Ei jetzz bin isch abbäer doch von de Sogge du!«

W

Wassäer in de Maa schidde

Wasser in den Main schütten; sinnlose, überflüssige Tätigkeit ausführen.

Wenn euäern Schebbe unsäern Schebbe nochmol "Schebbe" schennt, schennt unsäern Schebbe euäern Schebbe soulang "Schebbe", bis euäern Schebbe unsäern Schebbe net mehr "Schebbe" schennt!

Wenn euer Schiefer unseren Schiefen nocheinmal als "Schiefen" beschimpft, dann schimpft unser Schiefer euren Schiefen solange als "Schiefen", bis euer Schiefer unseren Schiefen nicht mehr als "Schiefen" beschimpft!

Abwandlung: *»Wenn euäern Labbeduddel unsäern Labbeduddel nochema "Labbeduddel" schenne duud, duud unsäern Labbeduddel euäern Labbeduddel solang "Labbeduddel" schenne, bis euäern Labbeduddel unsäern Labbeduddel net mehr "Labbeduddel" schenne duud!*

Wenn's Sauäerkraut reeschend un Rindswäerschtschäer schneit, dann bitt isch de Herrgott, dässes Weddäer so bleibt

Wenn es Auerkraut regnet und Rindswürste schneit, dann bitte ich den Herrgott, dass das Wetter so bleibt.

Wer Gligg hot, deem kalbt soggar de Ocks

Wer Glück hat, dem kalbt sogar der Ochse.

Wenn du stirbbst, muss mär's Maul extdra doodschlaache

Däs säscht mär übbäer aanen, wo ei'm mit sei'm viele Gebabbel uff die Nerffe geht.

Wie bei Hembels unnerm Soffa.

Es sieht chaotisch/dreckig aus.

Wie'n Schobbe Rotz in de Korff hogge

Jemand ist unentschlossen (*wie ein Schoppen Rotz in der Kurve*)

»Du hoggst do, wie en Schobbe Rotz in de Korff.«

Wo mäschst'n hie?

Wo gehst du hin?

Wollt ihr euäern Labbeduddel redde, schiggtd em Äbbelwoi un Handkääs - en fedde.

Wollt ihr euren Labbeduddel retten, schickt ihm Apfelwein und Handkäse – einen fetten; Abwandlung von: *Wollt ihr euren Sohn noch retten schickt ihm Geld und Zigaretten.*

Wossen Rotz

Was für ein Mist.

Woss willst'n mache?
Da kann man nichts machen.

Z

Zack zack!
Zackig!; Zügig!

Anhang A: Oddinääre Schennwörddäer, Beleidischunge un Kraftausdrügg

A

aal Atzel abwertende Bezeichnung für eine verschrobene, alte Frau (alte Elster)
aal Babbeldibbe (*alter Labertopf*); Quasselstrippe
aal Brummeldibbe Jemand, der undeutlich vor sich herbrummelt/-murmelt
aal Dibbe eine verschrobene Alte
aal Flennäern alte Heulsuse
aaler Drache nervige, bösartige, xantippische Ehefrau oder Schwiegermonster
aal Huddel zerlumpte, ältere Frau
aal Knalldibbe Steigerung von *Aal Dibbe*
aal Scheggel alte Jungfer
Aarsch, Asch Schimpfwort für eine Person, die man nicht leiden kann oder Bezeichnung für Hinterteil. Der Hesse spricht es sowohl kurz und knackig, als auch langgezogen aus; *Gugg där ma deen bläädc Aarsch do dribbe aa. Deem Aarsch zeisch isch die dobbeltd Aschkartt.*
Aarschgeisch unbeliebte Person (*Arschgeige*)
Aarsch mit Ohrn Widerlicher Mensch; Assoziiert den Vergleich des Gesäßes mit dem Gesicht; *Wenn isch dei Wiesaasch hätt, wördd isch mir de Aarsch rassiere un riggwärtts gehe.*

Ableescher Abfällige Bezeichnung für den Nachwuchs (*Ableger*)
Allmoi, **Allmei** Habgieriger Geizkragen
Angstschissäer, Ängstschissäer Hosenscheißer, Angsthase
Armmleuschdäer Armleuchter
Aarschkrott sehr unschöne Bezeichnung für ein kleines, freches Mädchen

B

Babbelmaul Schwätzer
babbisch Guddzsel ein lästiger Mensch, der an einem dran hängt, wie eine Klette
Babbsagg ein ungepflegter und/oder unsympathischer/unangenehmer Zeitgenosse
Babbusch Schlampe
Babbschnuud dreckiges, ungepflegtes Kind
Bäernn Kopf (Birn); *Gugg däer ma die versoffen Äbbelwoi-Bäern do dribbe aa.*
Bäerschtdäer Will nur das eine: Sex (*bürsten*)
Bagaasch Gesindel, Anhang; *Ei legg misch doch am Aarsch mit deere ganz' Bagaasch.*
Baggpeifegesischtd Backpfeifengesicht
Ballsch (Dreggbalsch) freches Kind
Bambelaarsch ➊ Wackelhintern ➋ schlaffer, energielose Mensch, der sich schwerfällig bewegt und herumbaumelt
Bambelschnuud Großmaul
Bangäertd (Dreggbongäertd, Heggebongäertd) früher: (ungewolltes) uneheliches Kind; heute: Schimpfwort für

frechen Jungen; *De klaane Bangäert vaddäert sisch.* (Der Junge schlägt deem Vater nach.)
Batschkumbel Hanswurst
Beddongkobb Betonkopf; sturer Mensch
Beetschwestdäer (schein)heilige Frau; Frau die keinen an sich ranlässt
Beißzang sturer, unnachgiebiger, verbissener Mensch
Bembelbrennäer jemand, der sehr gern und viel *Äbbelwoi* konsumiert
Bembelkrämäer Faulpelz
Bembelschnuud jemand, der gerne *Äbbelwoi* trinkt
Beschissäer Betrüger
Bettve'pissäer Angsthase
Bibberhannes Angsthase oder jemand der friert
Bimmbatsch steifer Tollpatsch
Bläädhammel, Bläädkobb Depp, Blödmann, Vollidiot
Bleschkobb sturer Mensch, Sturkopf
Blosaarsch, **Bloosoarsch** Blasarsch
Bohnesimbel großer Kerl, der genauso blöd, wie er lang ist; *Du bis' so doll, wie/däss de lang bis', du Bohnesimbel.*
Bollerkobb ungehobelter Grobian, der oftmals dazu noch aufbrausend (*bollerig*) ist.
Breegeldibbe Motzkopf
Brummeldibbe brummelige Person
Buckseschissäer Angsthase
Bürrohengst Schreibtischtäter
Bürroocks Chef
Butzwollkobb ungepflegter Langhaarträger

D

daab Hingkel, dabbisch Hingkel tollpatschige Frau
Dabbes Tollpatsch, ungeschickter Mensch
Däerrabbel hagerer, dünner Mensch; *De Däerrabbel fällt bald vom Flaasch.*
Däämel Einfaltspinsel, dämliche Person
Däämlack, Däämlagg eitler Dummkopf, Lackaffe
Dääskobb, Deeskobb, Dööskobb Begriffsstutzer, langsam (re)agierender Mensch, der vor sich hin döst.
Debb Depp; *Du|debbischäer|debb|du* [Du blöder Depp du]
Dibbeguggäer Neugiernase; jemand der neugierig in den Kochtopf guggt, um zu sehen was es zu Essen gibt.
Dilldabb Tollpatsch, Trottel
Dolles Dummer
Dollbabbler Dummschwätzer
Dollbohrer, Dollbohräer ❶ einer, der nur Unfug und Blödsinn (*Fäerzz*) im Kopf hat ❷ umständlich handelnde Person
Doosekobb, Bicksekobb jemand der nur Dosen/Büchsen (Mädchen) im Kopf hat
Dorschtdel jemand, der sehr viel Alkohol trinkt
Dragonäer Bezeichnung für eine hexische, streitsüchtige Ehefrau
Dreggsagg Drecksack, Mistkerl; nicht immäer böse gemeint: *Ei Guude, ihr Dreggsägg!*
Dreggschleudäer jemand mit einem bösen Mundwerk; Fahrzeuge mit Verbrennungsmotor, die zuviele Abgase ausdünsten
Dreggwatz schmutzige Person
Druddeler jemand, der beim Essen kleckert
dumm Dunnzsel törichte, dumme Frau

Dussell Dussel, Trottel, Tollpatsch
Dusselisch Hingkel Bezeichnung für eine dusselige Frau

F

Facksemachäer jemand, der Faxen macht und nur Unsinn im Kopf hat.
Fäddel schlampige Frau
Farrisäer ① Scheinheiliger (*Pharisäer*) ② Hochmütiger Heuchler
Fatzge eingebildeter Vornehmtuer/Schönling
Feuäermeldäergesischtd jemand der ein Gesicht zum Reinhauen hat.
Flabbsch, Flapps dicklicher Junge
Flabbes flatterhafter Mensch
Fliddsche leichtes Mädchen
Forzzkist ① derb für Gesäß/Hintern ② manchmal wird auch ein klappriges Auto so bezeichnet.
Forzzpromillekist jemand der besoffen ist; *Die Forzzpromillekist hot wieddäer de Aarsch voll.*
Freibiergesischtd jemand, der überall dort auftaucht, wo es etwas umsonst gibt
Frotzeler lästert gerne über andere
Fuddkobb Trottel, Idiot (*Fotzenkopf*)
Fulder, **Fuldäer** ① Flegel, Rüpel, Primitivling ② Bewohner von Fulda
Funzsel abwertende Bezeichnung für eine Frau; *Woss willstde dann mit deere aal Funzsel?*

G

Gaabäerlies(je), Gaawerliesje sabbernde(s) Frau/Mädchen
Gewiddäähex, Gewiddäerhex streitsüchtige Frau (*Gewitterhexe*)
Giftniggel gehässiger, ungenießbarer, streitsüchtiger Mensch
Giftschissäer zänkische Person
Grindkobb jemand, dem der Eiter (*Grind*) seiner Gedanken sprichwörtlich durch die Schädeldecke hindurchdringt.
Groschepetzer, Groschepätzää sehr sparsamer Mensch, Geizling (*Groschenpetzer*)
Grooßduhäer Großkotz, Angeber (*Großtuer*)

H

Haggklötzje Dorftrampel; unsensible Person (*Holzklotz*)
Hallebatsch ungeschickter, geistig schwerfälliger, lächerlicher Tölpel, der dermaßen zur Übertreibung neigt, dass es zum Kaputtlachen ist.
Hambel Mann, der unter der Fuchtel seiner Frau steht
Handkäässtämmer Jemand mit großer Klappe mit nichts dahinter.
Hannebambel ❶(gutmütiger) Trottel; Kasper ❷Ehemann, der den Molli mit sich machen lässt (Pantoffelheld)
Hännsel Hanswurst; *Der lässt de Hännsel mit sisch mache.* (Er lässt sich ausnutzen)
Hansdabbes Tollpatsch, ungeschickter Mensch
Hätschelbübbsche Muttersöhnchen

Heggeschissäer Angsthase (*Heckenscheißer*)
Hinnedruffhängäer unliebsames Anhängsel
Hinnäerfotzäer falscher, heimtückiger Mensch
Huddelweibbsche (Hutzelweibsche) altes kleines Frauchen (nicht unbedingt böse gemeint)
Huddläer Pfuscher
Hutzelmännsche, Hutzelmännesje kleiner, betagter Mann, der vom Leben gezeichnet ist.

J

Jammäerlabbe jammernder Schwächling

K

Kabbesbabbeler, **Kabbesbabbläer** Lügner; jemand der keine Ahnung hat und Unsinn redet
Kesselfliggäer *Die zangke sisch wie die Kesselfliggäern* bedeutet, dass Leute heftig und lautstark miteinander streiten.
Kimmelspalder Kleinkarierter Pedant (*Kümmelspalter*)
klaane Kaggäer Baby, Kleinkind. *Un? Woss mäscht'n euäern klaane Kaggäer? [Und? Was macht euer kleiner Hosenscheißer?]*
Knaatdschkobb schlecht gelaunter, verdrehter Mensch
Knäulkobb Dickschädel
Knillsch unangenehmer Mensch; unliebsamer, meist zu kurz geratener, kleinwüchsiger (Gift)Zwerg; *Woss wills' dann du Knillsch iwwerhaabt, hä?*

Knoddäerbicks, **Knoddäerbiggs** eine knotterige Frau (auch → *Knodderdibbe*); *Die aal Knoddäerbicks is heud wieddäer verdreht.*
Krawallschachtdel streitsüchtige (Ehe)Frau
Kribbel sturer Bock; Krüppel
Krimmelkaggäer Krümelkacker, kleinlicher Pedant
Kuhrindekaggäer Pedant (*Korinthenkacker*)
Kümmäerling zu klein geratene Person oder zu klein geratenes Ding.
Kwadraataarsch jemand, der sisch mit seinem breiten Hintern breit macht.
Kwadraatsimbel Steigerung von → *Simbel* (*Simbel hoch 2/zum Quadrat*)
Kwadraatsimbelskobb Steigerung von → *Simbelskobb*

L

Laama ❶ Langweiler ❷ langsamer Mensch
Laatschgiggel eitler Fatzke (*stolzierender Hahn*)
Labbaarsch Schlappsack
Labbeduddel ❶ energieloser, unmotiverter, schlaffer, schwerfälliger, lustloser Mensch ❷ ursprünglich: Vorläufer des Baby-Schnullers. In alten Zeiten, als es noch keine Schnuller gab, nahm man ein zusammengedrehtes (*uffgeduddeldes*) Tuch, welches man in Zuckerwasser oder auch Alkohol tauchte, um Kleinkinder zur Beruhigung daran saugen zu lassen.
Lahmaarsch langsamer Mensch, dem man im Gehen die Schuhe besohlen kann
Leggo mio Du kanst mich mal…!

Lumbesagg, **Lumbesäggel** (**Lumbefissel**) hinterhältige Person, Lump, Halunke, Dieb, Gauner
Lusche Niete, Schwächling
Luschekobb, **Luschedeggel** Schwachkopf

M

Mammakindsche Kind, das ständig am Rockzipfel seiner Mutter hängt und sich ausheult
Miesepeeder Miesmacher, Spaßbremse
Mobbel, Mobbelsche Moppel, dicker, aber nicht unbedingt unsympathischer Mensch – von daher nicht unbedingt ein Schimpfwort
Motzkobb Motzkopf
Muffegängäer Angsthase, Feigling
Muffelkobb, **Muffkobb** (en Muffel) schlecht gelaunter Mensch

N

Nachtkabb Schlafmütze, Penner; langsamer Mensch, mit geringem Reaktionsvermögen
Nawwelfiggäer, **Nabbelfiggäer** introvertierter Mensch, der nur mit sich selbst beschäftigt ist
Neidhammel gönnt niemandem etwas, nur sich selbst
Nuschelkobb Jemand, den man beim Sprechen kaum versteht, weil er nuschelt.

O

Ollbel, Ollwel tollpatschiger oder einfältiger Mensch (Steigerung: *Obbäerollbel*)
Oos Luder (*Aas*)

P

Pandoffelheld Mann, der zuhause bei seiner Frau unter dem Pantoffel steht. (→ *Hambel*)
Petzliesje ❶ Jemand, der andere verrät und verpetzt; ❷ Dem Apfelwein zugetane Frau (→ *Schnapsdrossel*)
Pittschedabbäer jemand, der sprichwörtlich in jedes Fettnäpfchen tritt
Pissblum unbeliebte Person

R

Raadfahräer Trittbrettfahrer
Raddefängäer Betrüger, Schwindler
Raddschäern geschwätzige Frau, die eindeutig zuviel redet

Rasselbogg ❶ jemand, bei dem hinter dessen großer Klappe nichts dahinter steckt ❷Fabelwesen, mit einem Hasenkopf, dem das Geweih eines Rehbocks aufgesetzt ist
Raubautz Grobian
Reff unattraktive, unsympathische, dumme Frau
Reibeise Mensch, an dem man sich aufreibt.
Riwwelaarsch jemand der unruhig ist und nicht still sitzen kann, und vom lauter hin und her rutschen (reiben) schon *Riwweln* (Streusel) am Hintern haben muss. (ähnlich wie *Hummeln im Hintern haben*)
Riwwelkuchegesischtd jemand, der wegen seiner Pickel im Gesicht, wie ein Streuselkuchen aussieht
Roggzibbel(aa)hängäer Ein Muttersöhnchen oder Mädchen, dass am Rockzipfel seiner Mama hängt und sich nicht von ihr lösen kann.
Röösdäer, **Reesdäer** Angeber
Rotzkoffäer unerfahrener Anfänger

S

Saaschbogg jemand, der in alle Ecken pinkelt oder jemand, der oft zur Toilette muss
Salattschnegg ❶Veganerin ❷Gemüsehändlerin
Sagglui Schlitzohr
Saubaadzsie(s) abwertend für Bayer(n); die Antwort auf *Saupreiß'n*, als Bezeichnung für Menschen, die nördlich des Weißwurstäquators leben.
Saufeule, Saufmaul, Saufoos (Suffkobb) jemand, der viel Alkohol konsumiert
Sauäerdibbe schlecht gelaunter (saurer) Mensch

Schachdel humorlose (alte) Frau
Schadull verschlossene Jungfrau, die keinen an ihr Allerheiligstes lässt; alte Jungfer (*Schatulle*)
Schdingkstiffel (Stingkstiwwel) unerträgliche, meist männliche Person
Schdingkwatz übelriechender Mensch
Schdoffel (Stoffel) wortkarger, unhöflicher, ungehobelte Person ohne Umgangsformen
Schießbuudefiguur Witzfigur
Schiffschaugelbremsäer ❶ Spaßbremse ❷ Feigling ❸ einfältige Person ❹ Gelegenheitsarbeiter oder Mann mit zweifelhaftem Beruf
Schiggsbiggs, schiggsisch Biggs hochnäsige, eingebildete Frau (*Schickse*)
Schinnoos eine Frau, die ständig schimpft und andere herumkomandiert
Schissäer Angsthase
Schissel ❶ derb: breite Frau (*Schüssel*) ❷ altes, heruntergekommenes Fahrzeug; *Gugg där ma die aal Schissel do drübbe aa.*
Schlabbmaul vorlaute Person
Schlammbes, Schlambhannes unordentlicher, schlampiger Mann
Schleeschdschwätzäer jemand, der dumm daherredet
Schleimscheißäer Einschleimer, Honigschmierer
Schluurie, Schlurie schludriger Kerl/Mensch (oft jedoch nicht böse gemeint)
Schmaaßmigg (Aabeemigg) Schmeißfliege; Klette, besonders lästige Person, die sich an jeden heranschmeißt und dann für immer kleben bleibt
Schmarräer Person, die Unsinn erzählt
Schnappsdrossel Schluckspecht
Schnarrschnaas langsame Person

Schobbeschneggsche weibliche Bedienung im Apfelwein-Lokal
Schraubedampfäer aufgetakelte Fregatte
schwangäer Lerrsch übergewichtiger Mensch, meist weiblich (*schwangere Lerche*); Wer sich wie *e schwangäer Lerrsch* fühlt, der fühlt sich aufgebläht
Schwellkobb Jemand mit einem dicken Kopf
Sesselforzzer Stubenhocker; jemand der sich wenig bis gar nicht bewegt und den ganzen Tag auf dem Sofa rumlungert; auch Büromenschen und Beamte werden oft so bezeichnet.
Siffäer Säufer, Betrunkener
Simbel Einfaltspinsel
Simbelskobb macht so ziemlich alles falsch, was er anfaßt
Späänebrennäer Geizhals
Sparbiggs geizige Frau
Spaarbreedsche, **Spaarbräädsche** Geizkragen
Spinattwachtdel meist Bezeichnung für eine ältere Frau, die ungepflegt ist oder auch unangemessen auftritt
Spiescheläffsche jemand, der sich oft im Spiegel beguckt
Spitzkliggäer besserwisserischer Mensch
Stobbelhobbsäer zur kurz geratener Mensch
Stoggfisch (**Schdoggfisch**) wortkarger, ungesprächiger Mensch, der nicht aus sich herausgeht
Stribbsäer Dieb
Stuss (**Schduss**) Unsinn, dummes Gerede
Suffragedde extreme Form einer emanzipierten Frau (Emanze/militante Frauenrechtlerin)

T

Traafunzsel Tranfunzel
Traatschtande reden schlecht über anderen und setzen oft Gerüchte in die Welt
Trottwaschnegg Straßenprostituierte, Bordsteinschwalbe (*Trottoirschnecke*)
trüüb Dass (trieb Tass) Langweiler

U

Uffgestummbt im Kwadraat Bezeichnung für einen kleinen, dicken Menschen, der genauso breit wie lang ist.
Unflaat jemand ohne Manieren, der durch unflätiges Verhalten negativ negativ in Erscheinung tritt und gegen Anstand un guten Sitten verstößt.
Urrumbel Rindvieh; unkultivierter Tollpatsch
Uuzer jemand, der andere Leute ständig neckt und aufzieht

V

Verbabbder sturer Mensch mit veralteten Ansichten
Verreggääling, Verreggäerling Verreckerling
Versoffen Äbbelwoiloch Jemand der sehr viel Apfelwein konsumiert

Volleul(e) betrunkene, meist ältere Frau
Voochelscheusch Frau, die durch ihre äußere Erscheinung abschreckend wirkt.

W

Waggelaarsch Fotomodel oder Frau, mit knackigem Wackelpopo
Wassäerkobb Normalerweise besteht das menschliche Gehirn zu 70% aus Wasser. Bei jemandem, der als *Wasserkopf* bezeichnet wird, sind es 100%.
Warm Wärschtsche abfällige Bezeichnung für einen homosexuellen Mann
Watz, **Watzling** dicker, fettleibiger Mensch
Windbeudel unzuverlässiger Mensch, der oft seine Meinung ändert, wie ein Windbeutel, die Windrichtung.
Worschtatthleet Metzger, Fleischermeister (*Wurstathlet*)
Worzzelbäerscht sturer, widerspenstiger Mensch (*Wurzelbürste*)
Wuchtbrumm Voluminöse und/oder taffe Frau mit Durchsetzungsvermögen
Wullewambes Voluminöser, feister Mann
Wullewatz dickliches Moppelchen

Z

Zankabbel Person, die sich oft und scheinbar gerne streitet und sich mit anderen Leuten immer wieder in die Wolle bekommt.
Zankdeiwel ein streitsüchtiger Mensch
Zankdibbe zänkisches Weib
Zimberliesje, Zimbäerliessche verweichlichtes Kind oder zimperlische Frau
Zimtzigge (Zigge) launische Frau mit schwierigem Charakter, die schnell eingeschnappt ist.
Zoddelbogg, Zoddel(franze)kobb ungepflegter Mensch; jemand mit ungepflegten, zotteligen Haaren.
Zorngiggel jähzörniger Prolet, Choleriker
Zumbel Schlampige, unordentliche Frau
Zussel, Zusselkobb Frau mit zerzaustem Haar
Zoores ❶ Gesindel, heruntergekommene oder dahergelaufene Gesellschaft ❷ auch: lautstarkes Durcheinander

Anhang B: Wookaabeln von A-Z (Hessisch-Hochdeutsch)

A

Aabee Toilette, Klo
Aabeeparool Gerücht (derb: *Scheißhausparole*)
Aabeemigg Schmeißfliege
aababbe ankleben
aabännele anbandeln, sich bekannt machen
aabumbe (jemanden) *anpumpen*; jemanden um Geld bitten
Aach Auge, auch; *Isch haach där aans uffs Aach un uffs anner Aach aach. Wenn du misch uffs Aach haachst, haach isch disch aach uffs Aach.* (Ich hau dir eins aufs Auge, und aufs andere Auge auch. Wenn du mich aufs Auge haust, hau ich dir auch aufs Auge.); *Gugg dä' ma ma aa Aach aa – däs is ganz rood.* (Schau die mal mein (eines) Auge an – das ist ganz rot.)
Aachedeggel Augenlid
aadaddsche, **aadatdsche** antatschen, anfassen
aadeude andeuten
aazabbe sich von jemandem etwas leihen (jemanden anzapfen)
aaflaume jemanden zurechtweisen
aagewwe, aagebbe angeben, prahlen; *Der duud aagebbe wie e Dudd voll Migge* (Er gibt an wie ein Tüte voll Mücken)
aageduddeltd angetrunken, beschwipst

aagewäähne, aagewööhne angewöhnen
aahaache anhauen, anhauchen
Aamäer, Aamää Eimer
aans eins
aapeiffe zurechtweisen
aarembele anrämpeln
aarschloos ➊ arglos ➋ Bezeichnung für jemanden, der keinen Hintern in der Hose hat.
aastänn(d)isch anständig; *Blaab aastänndisch un mach kei Bosse.* (Bleib anständig und mach keine Dummheiten)
aaschdegge anstecken
aascheiße rüffeln, tadeln, jemanden *anscheißen*, zusammenstauchen
aaschdummbe, aastummbe anstoßen, anschupsen, anstupsen
aaschmiere (jemanden) hereinlegen, täuschen
aaschwärzze anschwärzen, verpetzen, denunzieren; *Däs klaa Petzliesje hot misch aageschwärzzt.(Die kleine Petzliese hat mich angeschwärzt)*
ääbsch beleidigt, sauer, schlecht gelaunt; *Du bis' abbää heut ääbsch druff, du.*
abarddisch abartig
abbä, abbäer, awwer aber
Abbeditt Appetit
Abbel Apfel (Grundlage des Apfelweines)
Abbelbutze, Abbelkrotz Kerngehäuse vom Apfel
Abbelkuche Apfelkuchen
Äbbelwoi, Äbbelwei, Ebbelwoi Apfelwein (auch als *Äppler*, *Stöffsche* oder *Schobbe* bezeichnet); hessisches Nationalgetränk, welches entweder süß-gespritzt, sauer-gespritzt oder pur (ungespritzt), vorzugsweise aus einem Bembel in ein geripptes Glas (Geribbdes) eingeschüttet wird; *Vom Bembel ins Geribbde, vom Geribbde in de Kerll; Äbbelwoi Hals enoi.* ⓘ Die Schreibweise ***Ebbel*** (vornne mit

E) ist zwar gängisch, abbäer streng genomme net soo ganz rischdisch, weil *Äbbelwoi* von *Ä* wie *Äbbel* (*Äpfel/Apfel*) kimmt. Abbäer däs is mansche Leutd worscht.

Äbbelwoischnuud dem Apfelwein zugetaner Zeitgenosse; *De Bembel wärdd sollang an de Disch getraache, bis die versoffen' Äbbelwoischnuud uff de Disch brischt.*

Äbbelwoistubb Apfelwein-Lokal/-Kneipe

Abberaad (**Abbarillo**) Apparat, (schweres, großes) Gerät; großes Teil

Abbodeesch, Abbedeesch, Abbedeeg Apotheke

abdammpfe abdampfen

abdisbudiere, abdisbediere abstreiten

abgebranntd pleite

abgebrieht, abgebrüht abgebrüht, unempfindlich

abgedrosche Eine Floskel oder ein anderer Satz , die/der bis zum Überdruss benutzt wurde und daher abgedroschen klingt. Beispiel: *Däs hätt's bei uns frühäer net gegebbe.*

abhasbbele ➊ sich abhetzen ➋ hastig und umständlich arbeiten

abjuggele abplagen; schwer schuften

abklabbäern, abklabbere verschiedene Orte oder Personen nacheinander aufsuchen

abknäbbe, abknöbbe abknöpfen, jemandem etwas (mit List) wegnehmen; *Die Aarschgeisch von de Bank hot mir aarschlisdisch mei letzde Flogge aus de Dasch gezooche.* (Der hinterhältige Mensch von der Bank, hat mir arglistig mein letztes Geld aus der Tasche gezogen)

abkratze, abnibbele derb für sterben

Ableescher, Ableeschäer abfällige Bezeichnung für Familiennachwuchs

abmache ➊ weggehen, entfernen ➋ etwas vereinbahren; *Mach disch ab, bevor isch där uff die Banatzel haach, du Dreggsagg.* (Hau ab, bevor ich dir eine reinhaue, du Drecksack.)

abmorkse, abmorggse ➊ jemanden umbringen ➋ sich an einer Arbeit schwer zu schaffen machen.
abraggäern schwer schuften
Abrikoos Aprikose
abrobbe grob abreißen
abschmiere ausrutschen
abstoddäern, abschdoddern (Mit Mühe und Not) in Raten zahlen; unklar sprechen
Abtridd Toilette (*Abtritt*)
abwimmele abwimmeln
abzwagge abzwacken
achtdbasse aufpassen, achtgeben
Aftdäerballe Hinterteil, Gesäß (*Afterballen*)
äftdäer öfter
Affezägguss, Affezergguss Affenzirkus
aggadämlisch akademisch
Aggdiwwidääde Aktivitäten
alläerhand Eine Zumutung; *Däs is jo alläerhand, Kerlle naa.*
Alläerwerddesde Hintern (*Der Allerwerteste*)
alle-ridd ständig
alleweil soeben, endlich
Allgohool, Allgehool Alkohol
Allmäschdischer Allmächtiger; *Allmäschdischer! Ach du liewer Heiland. De Herrgodd schdeh uns bei.*
allminnannäer allesamt, alle zusammen (*alle miteinander*)
Allmoi Egoist, habgieriger Mensch
alls immer, ständig; *alls weidää*; *alls druff*; *alls woss anneres*; *Wass glotzde dann alls uff mein Deggolltee, du Lustdmolsch!*
Allsemol, allsema manchmal; *Mär is ja allsema e bissi blääd.*
Andiftsche Endivien
andwordde antworten

ann un fäer sisch, ann'fäersisch an und für sich
annäersdää, annäerstder anders
annenannää, annenannäer aneinander
Anno Dubbagg (Tabak) vor langer Zeit
Annodutzemal damals, ewig lange her (Anno dazumal)
Annonggs Annonce, Zeitungsanzeige
Apparddemeng Appartement
Äppler Kurzform von → Äbbelwoi
ärschendwann (emo, ema) irgendwann (einmal)
ärscherlisch, ä(r)schäälisch, äerschäerlisch ärgerlich
Aschebäschää, Aschebeschäer Aschenbecher
Auf! Los!
ausbaldoofern, **ausbaldowäern** erkunden, auskundschaften
ausdoggdern auskundschaften, untersuchen, erforschen (*ausdoktern*)
ausgereschend ausgerechnet
ausgugge aussuchen, auswählen
ausklamiesern austüfteln (*ausklamüsern*)
Awandi Galobbi Avanti!, Los!; Im Eilttempo

B

Baa Bein
Baadzsie (Saubaadzsie) Bayer
Babba Vater, *Papa*
Babbäer (Auf-)Kleber, Klebstoff
Babbedeggel ❶Karton (*Karddong*), Pappe, *Pappdeckel* ❷Führerschein
Babbegei ❶*Pappagei* ❷Nachschwätzer; einer der keine eigene Meinung hat

babbele, babbeln sprechen, redem, schwätzen, sich unterhalten
Babbelwassäer Alkohol; *Host de heut wieddää Babbelwassäer gesoffe oddää wass?*, sagt der Hesse zu jemandem, der ununterbrochen redet.
Babier Papier
babbisch klebrig, schmierig
Babbsatt randvoll satt
Bach mache pinkeln; *Isch geh ma grad en Bach mache.*
badtsche, baddsche jemandem eine Ohrfeige oder einen Klaps geben; *Komm grad her du Bangäertd. isch baddsch där aa, däss där de Kobb fottflieht.* (Komm her, ich knall/batsche dir eine, dass dir der Kopf wegfliegt.)
Bagaasch Gesindel, Anhang, Sippschaft
baldowäern auskundschaften
Ballkong, Ballkoon Balkong
Ballong ① Ballon ② Bezeichnung für Kopf; *Wo däs naggische Weibsbild im Efakostdümm vor deem geschdanne hot, hot der en Ballong krieht, so rood wie e Tomäädsche.* (Als die nackige Frau entblößt vor ihm stand, hat er einen Kopf, so rot wie eine Tomate bekommen.)
Ballongs Balance, Ballons; Bezeichnung für voluminöse Brüste
Banaddzel, Banatzel Gesicht
Batdschkabb, Battschkabb, Baddschkabb Schirmmütze
baddschnass, battschnass triefend nass (*patschnass*)
baff verplüfft sein; *Jetzz bistde baff, gell?*
balläern ① schießen ② Alkohol bis zum Abwinken konsumieren
Ballsch (böses) Kind (*Balg*)
bassiere passieren; *Däs kann bassiere, wemmäer net uffbasse duud* (Das kann passieren, wenn man nicht aufpasst); *Scheißdregg bassiert!* (Shit happens!)
bääs, bees, böös böse

Bääse-Buube-Daach Buß- und Bettag (*Böse-Buben-Tag*)
Bäern ➊Birne ➋Kopf
bedebbäertd verdutzt, verstört; *De Herbbertd hot bedebbäertd aus de Wäsch geguggt.*
Beddongknoode dicker Krawattenknoten (Betongknoten)
bedribbeltd traurig, niedergeschlagen (*betröpfelt*)
bedubbe, **bedubbse** betrügen, übers Ohr hauen
beduudele, **beduddele** sich betrinken
beläbbäern, **belebbern**, **belewwäern** betrinken (*belebern*)
Bembel, Bämmbel Apfelweinkrug aus Keramik; *Vom Bembel ins Geribbde, vom Geribbde in de Käerll* (Vom Bembel ins Apfelweinglas (Geripptes), vom Apfelweinglas in den Kerl.)
Bennel, Bännel Schnur, Band, Riemen
beesch beige
beluure, beluurn, belubbäern ➊beobachten, belauern, erwischen ➋überlisten; jemanden über's Ohr hauen, betrügen.
berabbe (ungern) bezahlen
Beschiss Betrug; *Mär wärd üwwerall von vorne bis hinne beschisse un beluurt.* (Man wird überall übers Ohr gehauen.)
beschwäddze ➊jemanden zu etwas überreden ➋etwas besprechen
besoffe betrunken
Beudelschneidäer Taschendieb
beweibd Mann, der in einer heterosexuellen Partnerschaft lebt.
bibbäern zittern (bibbern)
Bibbäerhannes ➊ängstlicher Zeitgenosse ➋jemand, dem ständig kalt ist.
Bibbs ➊Erkrankung ➋Piep, Mucks; *Der hot de Bibbs* (Er ist krank); *Die gibbt kaan Bibbs von sisch.* (Sie gibt keinen Piep von sich)
Bischberer, Bischbäärää (auch: Haamlischduhäer) Geheimniskrämer (*Flüsterer*)

billisch preiswert, günstig
bissje, bissi, e bissi bisschen
biddseln prickeln
Biddselwassäer Sprudelwasser
Biedschubbe veraltet für Disco (Beatschuppen)
Biffschdigg, Büffschdügg Beefsteak
Biggel Klicker, Murmel
biggobello
Biggs, Bicks *Büchse*; vulgär für Weib/Frau; *Hier loss uns ma bissi Blesch redde. Woss mäscht'n dei aal Bicks?*
Bimmel Klingel
Bimmse eintrichtern (*bimsen*)
bläád, bleed blöd
bläáge blöken, pöbeln
blaffe anschnauzen (blaffen); *Ei, wass blaafstde misch dann so aa?!; Häer uff misch aazeblaffe!*
bläffe täuschen (bluffen)
Blamaasch Blamage
blemmblemm, blämmblämm verrückt, bescheuert
blesche bezahlen (blechen)
bloddze (Zigarette) rauchen
Blummedibbe, Blummedibbsche, Blummeschäerbb Blumentopf
Blundze Eine mit Wurst gefüllter Saumagen; *E Blundze Bluudworscht* (Saumagen mit Blutwurst gefüllt)
Bluudworscht Blutwurst
Bobbekisch Puppenküche
bobbele schmusen, knuddeln
Bobbelsche Kleines Kind
Bobbes(je) Hintern, Gesäß
Boddem Dachboden
Bohnestang sehr dünner Mensch; dürres Mädchen
Bolläern poltern, lärmen
Bolle runder Klumpen

Bollizei, Bullerei Polizei
Bomboo Bonbon
Bomboobabier Bonbonpapier
Bommelsche kleine Kugel
Bomm Fritz, Bommes Pomme frites
Borsch ❶Burg ❷Bursche/Bürschchen
Borschtde widerspänstiges (borstiges) Haar
Bosse mache Dummheiten begehen
bossele basteln
Börschäermeistdäer, Börschemeisdäer, Bollemoschtdäer Bürgermeister
Brabbes, Brambes, Brabbsch ❶breiige Speise, dicke Suppe ❷Morast, Schlamm, Matsch
Brand Durst, Nachdurst nach Saufgelage
Brass Zorn
Brädullje ❶in einer peinlichen, schwierigen Situation stecken ❷scherzhaft für französische Province
brabbelle vor sich hinbrummeln, nörgeln, leise schimpfen
Bräedsche, **Breedschäer** Brötchen, Semmel
Brezzel, **Bräezzel** ❶Laugengebäck ❷Bezeichnung für Kopf/Gesicht; *Glaasch gibbt's e Gemezzel un aans uff die Brezzel.*
Brezzelbubb Brezelverkäufer
Brezzelbuud, **Bräezzelbuud**, **Bräezzelschubbe** mobiler Verkaufsstand für Laugengebäck
Brieh Brühe
Briehhingkel ❶brütende Henne ❷Stubenhocker
Briehpump Vieltrinker
Brimmborrijum Brimborium
broddzse, brotdze beleidigt sein, schmollen, maulen
Bruchbuud heruntergekommene Behausung, baufälliges Haus
bruzzele, bruddzele braten, kochen
Brüggelsche kleine Brücke

brumm(e)lisch mürrisch
Brummäer ❶dickes Insekt ❷kräftige Frau
Brunnebuddzser, **Brunnebuddzsää**, **Brunnebuddzsäer** jemand, der niedere Arbeiten verrichtet; scherzhafte Bezeichnung für einen Wasserversorgungstechniker oder Klemptner (*Brunnenputzer*); Isch schwiddz heut wirrer wie'n Brunnebuddzsää
Brunzse urinieren; bezahlen
Brunzsäer jemand, der in die Gegend pullert.
Brutdsch, **Bruddsch** Schmollmund
Bööhmische Dörffäer, Bäähmische Doffää unbekanntes Wissensgebiet (*Böhmische Dörfer*)
Bubbäerdeed, Bubbäädääjd Pubertät
Buddel Flasche; *Isch bresch deem Buddelsche ma grad de Hals, gell.* (Ich mache die Flasche auf.)
Buggel (krummer) Rücken
Buddzbach Butzbach → Hessische Stadt im Wetteraukreis
Buddzdeiwel, Butzdeiwel Reinigkeitsfanatiker(in) (*Putzteufel*)
buddzeweis, **butzeweis** bündelweise
Buddzlumbe, **Butzlumbe**, **Buzzlabbe** Putzlappen
buddze, **butzze**, **buzze** säubern, sauber machen
Bummberei Straßen-Rauferei, Schlägerei
Bummbes(je) hörbare Flatulenz, Blähung, (kleiner) Furz
Bummslokaal Kaschemme
Bundisch farbig, bunt
Bübbsche, Biebsche Kleiner Junge (*Bübchen*)
Büffee, Biffee Büfett
büschele, büscheln, bieschele bügeln; *Uffbasse! Däs Biescheleise is haaß.*

C

Christkindsche naives Ding; naiver, gutgläubiger Mensch
chieneesisch (schieneesisch) chinesisch; *Isch verschdeh nuär schieneesisch; Schieneesisch babble könne mer net – wolle mer aach gar net.*

D

Daab ❶taub ❷schwer von Begriff
Daach Tag
Dääds (**Deetz, Däätz**) Kopf
dääsisch schläfrig (*dösig*)
Daal Teil
Dabbe Fußspuren, -abdrücke
dabbe ❶gehen, laufen; *Wo dabbschd'n hieh?* ❷Anfassen
Dabbes Tollpatsch
dabbisch ungeschickt, plump, ungeschickt
Dabeed Tapete
Dachkenn(d)el Regenrinne
daddele am Spielautomaten spielen (*datteln*)
dadebei, dodebei dabei, währenddessen
dadefo, dobefo, dadevonn, dodevonn davon
dadegeesche, dodegeesche, dadegeje dagegen
dademitd, dodemitd damit
Dammschdatd, Darmmstadt Darmstadt
Dannegiggel Tannenzapfen
däerr, derr dünn; *De Däerrabbel is so däerr, dässer unner de Dusch vom aane Trobbe zum annern hibbe muss.* (Der

Dünnrappel is so dünn, dass er unter der Dusche vom einen Tropfen zum andern hüpfen muss.)

däs Mensch abwertend für *Frau*; Frauenzimmer

Dascheduch Taschentuch

Debbisch Teppich

Debbischklobbäer Teppischkloppfer

Deeskobb, **Dööskobb** Begriffsstutziger, unaufmerksamer Mensch; Penner, Schnarchnase

degeesche, **degeje** dagegen

Dekolltee, Däggolldäee Dekolletee, Ausschnitt

dehaam zuhause

dehinnäer, **dodehinner** dahinter

deigsle Schwierigkeiten mit Geschick überwinden (*deichseln*)

Deiwel Teufel

Denäwwäer, denebber daneben

Debb, Debbsche Trottel, Depp, Idiot; armseliger, intelligenzschwacher Mensch

Däerrabbel magere Person

desdeweesche, desdeweesche deswegen, deshalb

dewäedderdotzze, dodewedderdoddze gegen etwas stoßen

Dialeggt(**d**) Dialekt

Dibbe, **Dibbsche** (**Dobb**) Topf; Töpfchen

Dibbeguggäer Nugiernase; jemand, der aus Neugierde (heimlich) den Kochtopf abnimmt, um zu gucken, was es zu essen gibbt, bevor es fertig ist.

Dibbehaas Eintopf aus geschmortem Hasenfleisch.

Dibbelbrudäer Landstreicher

Dibbemess Frankfurter Volksfest

Diennsdaach Dienstag

Diggkobb Dickkopf

disbediern meist lautstark und emotional diskutieren

Dischblatt Tischplatte

Dischdisch tüchtig

Dischduch Tischdecke
dischtd dicht; betrunken
Disgussjoon Diskussion
Dochtdermann Schwiegersohn
dodedorsch, dadedorsch dadurch
dodefe(e)r, dodefäer, dodefüar, dodefier dafür
dodemitd damit
dodezwische dazwischen
dodruffhieh daraufhin
dodrum, dodedrum deshalb
dohingeesche dahingegen
Donnääweddää (Dunnerweddäer) Donnerwetter
Dorffzeiddungg, Daacheblääddsche *Dorfzeitung* oder *Tageblatt* als Bezeichnung für die Mutter aller Tratschtanten.
dormellisch ➊ schwindelig (*turmelig*) ➋ klein, unansehnlich
Dorschtd Durst
Dorschenannäer Unordnung, Durcheeinander
Dorschmarsch Durchfall (*en flodde Oddo*)
dotze lasse, uffdoddze losse fallen lassen, aufprallen lassen
Dozzbällsche, Doddzbällsche Springball
Drahnfunsel, Draa(n)funzsel (Traafunzsel) ➊ schwache Beleuchtung ➋ langweilige, einfältige Person; *Rabunzsel, Rabunzsel, sei net so e Traafunzsel un lossema dei Haarn enunner!* (Rapunzel, Rapunzel, sei nicht so ein Tranfunzel und lass dein Haar herab!)
Dräbbschäer, Drebbscher ➊ Treppe, Stufen ➋ Tropfen
Dreggbier Colabier
dribbdebach andere Flußseite (vom andern Ufer); Gegenteil von *hibbdebach* (diese Flußseite).
dribbe, driwwe drüben
Driggeberjer, Driggebäschää Drückeberger
drollisch drollig; *Ei däs is abbäer e drollisch Mietzekätze*; *Guggema Heinz, is däs klaa Bobbelsche do net drollisch?*

drübbäergebreddäertd, driwwergebredderd über etwas schnell hinwegfahren
druff darüber, drauf; *Alls druff!*; *Druff geschisse.*; *Loss mer mei Ruh. Isch bin heud net guud druff.*
druffgehaa, druffgehaache auf etwas drauf geschlagen haben
Duggmäusäer feiger Heuchler (*Duckmäuser*)
Dubbe ❶ Farbklecks, Punkt ❷ leichter Dachschaden
Dudd/Dutt Tüte; *Däs Weibbstügg is narrisch wie e Dudd voll Migge*; *Der gibbt aa, wie e Dudd voll Mügge.*
Duddebabbäer, Duddebabbää Tütenkleber
Duhsel, Duusel Glück, Trunkenheit
Dummbabbler Dummschwätzer
Dunnäässdaach, Dunnäschdaach Donnerstag
dunnemols (dammols) damals
dungke eintauchen, *tunken*

E

Eebe, eewe na eben, sag ich doch
ebissi, e bissi ein bisschen
ei(j)schearddisch eigentartig
Ebbel, Äbbel Äpfel
Ebbelklaue, Äbbelklaue Äpfel stehlen
Ebbelwei-Expreß Sonderlinie der Frankfurter Straßenbahn, in der das hessische Nationalgetränk ausgeschenkt wird.
Ebbelwoi (Äbbelweu, Äbblwei) Apfelwein
ebbes etwas
Eideggsefuddää ausländisches Essen (*Eidechsenfutter*)

Eigeplaggtdäer Fremder, der in Hessen heimisch geworden ist (*Angebackener*)
eiloche inhaftieren, ins Gefängnis stecken, einsperren
eisäggele einheimsen, kassieren
elaans allein
Ellebembel Darmstädter Straßenbahn
emol ein Mal
enannäer einander
enei, **eninn**, **enoi**, **eneu** hinein
eninnzuus nach innen; hinein
eniwwer, **enübbäer** hinüber
enuff, **enuffzuus** hinauf
Erbbs ➊ Erbse ➋ Kopf; *Du host doch aaner an de Erbbs!* (Du spinnst doch!)
Erbsezähläer sparsame, kleinliche, pedantische Person
Erddäbbel Kartoffeln (*Erdäpfel*)
erinn, **eroi** herein
Errmache (**äerrmache**) verwirren (*Irr machen*)
eeschelereeschend, **Eeschel ereeschend** ekelhaft, ekeleregend
erumfuhrwergge planlos hantieren
eewe, **eebe** eben, jetzt; *Eebe habbe mer's.*
eewedrum aus diesem Grund
eweggbuzze alles aufessen
eweil einstweilen
ewengk, **ewingk** ein wenig (→ *ebissi*)

F

fä', **fär**, **fäer**, **fer**, **fier** für

faasele fantasieren, wirr reden
Fabb, Farbb Farbe; *Im Baumarggtd is de zeh Liddäer Aamäer Disspersjoonsfarbb im Aagebood.*
Fäerzz, Ferzz Unsinn, Scherz, etwas Unnötiges; *Däs sinn doch Fäerzz mit Krigge.*
fäermlisch förmlich, geradezu
fäerschdäerlisch, **förschderlisch** (**forschtbar**) fürchterlich
fäerzeh vierzehn
fäerzisch, **färddsisch** vierzig
Faggsemachäer Spaßvogel
ferddisch, **fäerddisch** fertig
Fernnseh, **Fäehrnsää**, **Fernnsäehäer** Fernsehapparat
Fiddsel (Fitzzel), Fiddselsche Zipfel, Fetzen
Fingäer(n) im Gesichtd spüüre unangenehme Begegnung mit einer Faust im Gesicht
Fissematende, **Fissimadende** Zu Beginn des 19. Jahrhunderts, als Hessen von Frankreich während des Napoleonischen Krieges besetzt war, sagten die französischen Soldaten zu den hessischen Mädchen: *Visitez ma tente* (Besuchen Sie mein Zelt). Daraus entstand der Begriff *Fissimatende*; *Blaab heut Awend net so lang fott un mach mer kaa Fissematende, gell.*
Fix un ferddisch erledigt, kaputt, erschöpft sein
fläädzse, **flöötze** breitmachen, herrumlümmeln
Flaasch Fleisch; Hauptsach Flaasch. Alles annere is Worscht.
Flaaschworscht Fleischwurst
Flaggersche, **Flaggäersche** Lagerfeuer (*Flackerchen*)
flenne weinen, heulen
Fliescher, **Flieschäer**, **Flieschää** Flugzeug
Flogge Geld
floggisch locker
floddäer Feeschäer hübsches Mädchen, das sich herumtreibt
fobbe hereinlegen, verarschen, übers Ohr hauen

Flunsch beleidigtes Gesicht ziehen; *Ei woss ziehstde dann wirrer fäer e Flunsch? Wass dann loos? Du mäschst'n Gesischtd wie drei Daach ohne Äbbelwoi, Kerlle naa.*
Fluurschaadetreedäer sehr große Füße/Schuhe (*Flurschadentreter*)
Flutsche, fluddsche rutschen, schliddern, gleiten
fottgelaafe ① weggegangen, fortgelaufen ② fortgeschritten
Fraa Frau
(Frankforddää/Frankfodder) Schlabbmaul Für einen waschechten Frankfurter/Hessen kein Beleidigung sondern vielmehr eine der höchsten Ehrungen, die man als Frankfurter oder Hesse im Allgemeinen erwerben kann. Denn als *(Frankfodder) Schlabbmaul* bezeichnet zu werden bedeutet nichts anderes, als dass man sehr witzig (*witzisch, lusdisch*) und schlagfertig (*schlaachferddisch*) ist und eben so *babbelt* wie einem die *Schnuud/däs Maul* gewachsen ist.
Frankfortt am Maa Frankfurt am Main
Fratzebuch Facebook (*Gesischtsbock*)
Frätzje ungewöhnliches anmutendes Kindergesicht
Fressaasch Esswaren, Fressalien; *Die Fressaasch fäer die Bagaasch.*
Frierkatz frierender Mensch
fuddele ungenau arbeiten
fuffzeh fünfzehn
fuffzisch fünfzig
fuggse sich ärgern; *Jetzz werdd isch abbäer glaasch fuggsisch.*
Fuldäer, Fulder Primitivling; jemand der sich rüpelhaft und unkultiviert benimmt; Einwohner von Fulda werden auch manchmal so bezeichnet.
Funsel, Funzsel ① schwache Beleuchtung, schwaches Licht ② abwertende Bezeichnung für eine Frau; *Mach die Funzsel aas, du Funzsel.*
fusselisch fusselig

Fusslabbegemies mit Flöh Weißkraut mit Kümmel
Fuzzi ❶Der Kleine ❷manchmal auch Trottel

G

Gääde, Gäätdhe (de Johann Wollfgang) Johann Wolfgang Göthe
gaagelisch wackelig, schwankend
Gabbiddo? Kapiert?
gaaläern scherzend herumalbern oder herumbalgen
Gaaß Geiß
Gaawäer, Gabbäer Speichel
gaawäern, gaabbäern sabbern
Gaawerlätzje Sabberlätzchen, Latz für's Kleinkind
Gabuff kleiner, enger Raum mit wenig Platz und Bewegungsfreiheit
Gardde Garten (→ *Schaddeng*); *Nur die Hardde komme in de Gardde.*
Garddehäusje, Garddehäussche Gartenlaube
Gardoffelschdämmbes Kartoffelpüree (*Stampfkartoffeln*)
Ganzmache reparieren
gaschdisch, gåschdisch, garsdisch unfreundlich, böse, garstig
Gaul Pferd
Gäulsflaasch Pferdefleisch
gauze bellen, stark husten
Gawwel, Gabbel Gabel
Gebabbel Gespräch, (unnötiges) Gerede, Geschwätz
Gebläerr, Gebläerrzze Lärm, Geschrei, Gekreische
gebonggt Signal der Einverständnis

Geborttsdaach jährliches Wiegenfest
Gedäeens Gehabe, Aufwand
Gedruwwel Gedränge
Geduudel, Geduddel eintönige Musik
Geh fott! Hör doch auf! Drückt Zweifel, Entrüstung oder Ablehnung aus
Geele Riebe Karotten (*Gelbe Rüben*)
geescheriwwer, geeschrübbäer gegenüber
Gefrozzel Neckereien (*frozzele*)
Gegrein Geheule
Gejuggel, Gezuggel langsames, wackliges Fortbewegen; *Ei legg misch an de Sogge, Kerlle naa. Seit geschlaachene drei Stunne juggele mer hier jetzz im Schneggetembo dorsch die Wallabamba. Da könnt isch grad aus de Bucks hübbe.*
gekenntd gekannt; *Naa, die Fraa Hesselbach aus Sachsehaus habb isch nimmäer gekenntd.*
Geknoddel undurchschaubares Geknäule
Gekreisch Schreierei
Gekwellde Pellkartoffeln (*Gequellte*)
gelaafe gelaufen, vorbei sein
Gelaggmeijäerde Übervorteilte, Angeschmierte
Geläerrsch Kram, Gerümpel (→ *Gelummbs, Klummbattsch, Krembbel, Gerimbel*)
gell, gelle(?) nicht wahr? *Gell, da guggstde betribbeltd aus de Wäsch*; *So is däs, gell?; Gell, du host misch gelle gernn. Gelle, isch disch aach!*
Gemiedlischkeid Gemütlichkeit; *Es Lebbe kann so eifach soi, mit Gemiedlischkeid un Äbbelwoi.*
Gemies Gemüse
Gemoje!, Gemorsche, Guude Morsche Guten Morgen!
Gemuschelde Camembert mit Zwiebel un Paprika zerdrückt
Genacht! Gute Nacht!
genungk, genuch genug
gerabbelt voll, gerammeltd voll sehr voll

Geribb(t)de Apfelweinglas; *Vom Bembel ins Geribbde, vom Geribbde in de Kerll.*
gestobbtde überfüllt
Geschäerr ① Geschirr ② Unsinn; *Halt die Gosch un babbel net so e doll Geschäerr, Kerlle naa.*
Geschnärkksel, **Geschnärggsel** Verzierung, Schnörkel
Gesoggs Lumpenpack
Gespritztde, **Geschbritzde** Apfelwein mit Mineralwasser gemischt (*sauäer-geschbritzde*)
Geuschelknäbbsche Kehlkopf
Geworschtdel Unordnung, Wirrwarr
Giggel Hahn
Giftzeddel Schulzeugnis
giggele herumalbern, kichern
Glubbschaache Glupschaugen
Goggel ① (Trut)Hahn ② Suchmaschine Google (*Guggel*)
goldisch niedlisch, nett, hübsch, süß
Gorgge Gurken
Grabba beliebter Tresterbranntwein
grabbsche ① nach etwas greifen ② Frauen in einer als unangenehm und belästigend empfundenen Weise anfassen (*begrapschen*)
Gräädediersche kleiner Fisch (*Grätentierchen*)
grie grün
Grie Sooß Grüne Soße (hessische Spezialität → *Frankfodder Grie Sooß*)
Griffel, **Griwwel**(**e**) leicht abwertende Bezeichnung für die Finger bzw. Hände; *Behaltd dei feddisch Worschtgriffel ma schee bei dir – aldäer Babbsagg!*
gritzegrau Steigerung von grau
Grindschnuud jemand, der Herpes hat (→ *Knuutdschpest*)
Grobbe großer Topf, Bräter
Grotz(e) ① Gurgel ② abgenagtes Apfelkernstück

grunzse grunzen; *Grunz, grunz, grunz, jetzz simmää unnää uns.*
gugge schauen, hinschauen
guggele Im Internet surfen
Guggelschäer Augen (*Äuglein*)
Gummäer, Gummää ❶Gurke ❷Bezeichnung für eine große Nase; *Hostde dorscht, beiß in die Worscht. Hungäer, beiß in die Gummäer.*
Gummifudd, Gummifutt ❶Sexspielzeug für Männer ❷Gummischale zum Anrühren von Spachtelmasse
Gusch, Gosch abfällig für Mund, Maul; *Haltd die Gosch, sonstd haach isch däer uff de Wäersching.*
guud druff Stimmungshoch
Guude Abbo! Guten Appetit!
Guude, wie? Hallo (Guten Tag), wie geht's?; *Ei guude, wie? Mir habbe uns jo schonn eewisch net gesehe, hä?*
Guutsje Bonbon
Guutsje, babbisch ekelhaft klebriges Bonbon

H

Hä? Im Hessische en vollständische Satz un haaßt *Wie bitte?*
haggeduddeldischd sturzbesoffen
haache hauen
haamlisch heimlich
haamzuus heimwärts, in Richtung nachhause
Haasegeschbrääsch Small-Talk
Haggelsche, Haggelschäer Zähnchen
halb Hingkel halbes Hühnchen
hammäerhartt sehr gut

Handkääs mit Mussigg Hessische Nationalspeise aus gereiftem Magermilchkäse (*dorschene Handkääs; de Handkääs muss laafe*), Zwiebeln, Paprikapulver, Salz, Essisch und Öl, die zusammen mit einem derben Bauernbrot, Butter und Äbbelwoi verzehrt wird. Die Zwiebeln sorgen beim Verzehr für die *Musik* (→ *Bummbesje*)
Häppsche, Häbbsche Zwischenmahlzeit
Hassbel Haxe
Hätdschelbiebsche, Häddschelbübbsche Muttersöhnchen
Häusje Hütte, kleines Haus
hawwe, habbe besitzen
heiäern, heijäern heiraten
Heija Bett; schlafen gehen.
Heinz Schenk (de heilische Heinz) Hessische Kultfigur und ehemaliger Showmaster vom *Blauen Bock*; auch bekannt aus Filmen wie *Heinz Schenk und der Bembel des Todes* und *Kein Pardon* mit Hape Kerkeling.
häerrndaab schwer von Begriff/Verstand (*hirntaub*)
Häerrndeggel Schädel
Häerrsch Hirsch
hibb(e) de Bach hüben (nördlich) des Bachs (des Mains); Gegenteil: dribb(e) de Bach – südlich des Mains. Je nachdem in welcher Region man wohnt sind die Bezeichnungen auch umgekehrt gebräuchlich.
hibbe, hübbe springen; *Wo sin se, die Linse? Im Dibbe se hibbe. Se koche drei Woche un sin alls noch hardd wie'n Knoche. Ei degg se zu, dann habbe se Ruh.*
hibbelisch unruhig
hiesisch hiesig
Hietraachbrett Tablett (*Hintragebrett*)
higgeln auf einem Bein hüpfen
Hingkel Huhn
Hingkelsbriehsupp Hühnersuppe
Hinnedruffhängäer das fünfte Rad, unliebsames Anhängsel

hinnenaach hinterher
hinnäerfotzisch, hinnäerfoddzisch hinterhältige Person
hinnzuus auf dem Weg zu...
Hitzegiggel leicht erregbare Person
hobbele springen
hogge sitzen
Hoosedreeschäer, **Hoosedrääschäer** Hosenträger
Hobbela! Ausruf der Verwunderung (Hoppla!)
Hobbskääs kleiner Junge
horsche ma, **horschema**, **horsche mol** bitte um Aufmerksamkeit, hör mal zu.
Hubbel ① Schwellung an der Haut ② kleiner Hügel, Erhöhung
Huch! (hajeeh!, **Härjeeh!**, **nao!)** erschreckter Ausruf
Huddel ein Durcheinander, Chaos, Murks; Ergebnis einer vermurksten (*verhunsde*) Arbeit.
huddele oberflächlich arbeiten, meist unter Zeitdruck
Hugg(e) vollhaache verhauen
hunne hier unten
hurddisch, **horddisch** schnell, eilig
Hustdeguudsje Hustenbonbon

I

Iddaljeenäer (**Iddaggäer**) Italiener
im/in Päddo bereit haben, auf Lager haben (*in petto*)
innduus intus; *Wieviel hostde dann wieddäer intus, du Schnabbsdrossel?!* (Wieviel hast du denn wieder getrunken, du Schluckspecht?!)
iwwer (**üwwer**, **übbäer**) über

iwwerisch, **üwwerisch** übrig
iwwerzwersch frech, aufmüpfig, verdreht
iwoo ach was, keinesfalls

J

Jabbse japsen
Jesses naa!, **Jesses nochemol!** erschreckter Ausruf; Ausruf der Verwunderung
jetzz, **jetzzisch** jetzt
Jobbelsche Jacke, Strickjacke
Juuchend Jugend; *Unsäern jetzzische Juuchend kannstde (all) an de Peiff raache.* (Die Jugend von heute kann man an der Pfeiffe rauchen/kann man vergessen.)
juchdze, **juchzze** jauchzen
jugge jucken
juggele, **sich (aanäer) abjuggele** hin und her schaukeln; sich abmühen
Jux un Dollerei Spass

K

kaafe kaufen
kaaner niemand
kabbele sich streiten
Kabeusje, **Kabuff (Gabuff)** kleiner, enger Raum mit wenig Platz und eingeschränkter Bewegungsfreiheit

Kabbo Chef
Kaddongg Karton
K(ä)erbb Kirmes
Kaff kleines Dorf
Käersch Kirche
Käerschemischel Kirchenmichel; **Hessische Nachspeise aus Kirchen**
Käerschhoff Friedhof
Kallamidääde peinliche, missliche Lage, Verlegenheit (*Kalamitäten*)
Karrammboolaasch Zusammenprall
kasche ergreifen, verhaften
Katdzeköbb Basaltpflastersteine
Keeschele kegeln; *Wenn mir frieher baam Esse so viel gebabbelt hädde, hätt uns de Vaddää hochkannt aus de Kisch enaus gekeescheltd.*
K(ä)erllsche Mann, kleiner Mann
K(ä)errnsche kleiner Wagen, Karren
Käerschel Müll, Abfall
Kenn(d)el Dachrinne
Kessefligg(ä)er Gas- und Wasserinstallateur, Heizungsbauer
Kietze dicker Bauch
Kingäälitzjäer Albernheiten (*Kinkerlitzchen*)
Kinn(ä)er Kinder; *Ihr liewwe Leutd un Kinnäer.*
Kinners eine Gruppe von Leuten, jedoch nicht unbedingt Kinder
Kinnerschees Kinderwagen
Kirri-Worscht, Käerri-Worscht Curry-Wurst
Kischedisch-Dischdischer, Kischedisch-Dischdischäern Küchentisch-Tischtücher
Kischeschäerzz, **Kiddelschärzz** Küchenschürze, Kittelschürze
klaa klein

klaa Knoddel kleine, zierlische Person, die man gern hat und am liebsten knuddeln möchte
klaa (Laus)Krott kleines Mädchen (Kosename)
klaaner Krotz kleiner Junge
klaaschnibbele klein schneiden
Kladderaddaddtsch Haufen Müll/kaputtes, unbrauchbares Zeug
klemme stehlen
klebb(ä)ern eine Flüssigkeit (meist mit dem Schneebesen) schlagen
Kligg(ä)er(n) Murmeln
Kliggäerwassäer Mineralwasser
Kloobäerschtd Klobürste, Toilettenbürste
Kloowe (en **Kloobische)** schwerfälliger, plumber Mensch (meist ungeschickt und tollpatschig)
Klummbe ❶Klumpen ❷Bonbon
Knaatdsch ❶Matsch ❷Streit
knabbse unfreiwillig sparsam leben
Knaddäerbicks ❶Schlafmütze (Schlafbüchse) ❷manchmal auch Bezeichnung für eine nymphomanveranlagte Frau oder eine Frau die nur zum *Knattern* zu gebrauchen ist.
Knärrnnsche Beule
Knäebb Knöpfe
knäebbe knöpfen
Kneip Wirtshaus, Gaststätte, Schenke
Kneippsche, **Knippsche** kleines Küchenmesser
Knerrzje, **Knärrzje (Knoarz)** erstes und letztes Stück eines Brotlaibs
Kniddel, **Knoddel** Schiss, Exkrementklumpen
Knoddeläer, **Knoddläer** Tüftler
Knolle ❶Bonbon ❷Nase
knorzze eine Tätigkeit schlecht ausführen
Knorzäer ein ungenau arbeitender Mensch (auch → *Fuddläer* oder → *Huddläer*)

knuddelisch knuddelig, zerknüllt, zusammengedrückt
Knuutschää Küsschen
Knuutschpest Herpes
Koggeloores ➊Unfug, Unsinn ➋unnützes Geschwätz, Getue (*Kokolores*)
Koldäer Wolldecke
Konfirmandebläsje hat jemand, der of zur Toilette muss.
Kobb Kopf
Korzze ➊Schnäpschen ➋kleiner Junge; *Woss mäscht'n euäern Korzze?*
kotdzze sich übergeben
Kraaneberjer, **Kraaneberscher (Kraanewassäer)** scherzhaft für Leitungswasser; *Kraaneberjer Naduurkwell, frisch aus de Leidung.*
Kräbbel, Krebbelsche(r) Schmalzgebäck (Berliner, Krapfen)
Krakeeler, **Krageeläer** lauter, polternder Hausbewohner, Unruhestifter
Kreische schreien
kriehje bekommen
Krischer laut heulender Schreihals
Krisstdsche Krüstchen
kritdzele, **krizzeln** malen, zeichnen
kroine weinen
Krollekobb unzufriedener Mensch
Krott Kröte
Krumbeern, **Krumbeere** Kartoffeln
krumbbelisch zerknäult, zerknittert
krumm nicht gerade, sondern gebogen
Kruschelkist Krimskram-Kiste
Kruschelschublaad Küchenschublade mit vielerlei Inhalt und buntem Durcheinander
Kuddelmuddel Durcheinander

Kuhkaff sehr kleines Dorf, in dem jeder jeden kennt und über jeden bescheid weiß. Mit vielen landwirtschaftlichen Betrieben – insbesondere Rinder- und Viehzucht.
Kusseng, **Kussäng** Vetter, Cousin

L

laabäern schwätzen, reden
Laadäer Leiter
labbeduddelisch schlaff, lasch, lustlos; träge/müde sein oder eine Aufgabe lasch, langsam und energielos ausüben
Labbe Tuch, Lappen Führerschein
Labbing Kaninchen
laafe laufen
lahmaarschisch extrem langsam; *De Kerll is so lahmaarschisch, deem kannstde im Gehe die Schuh besohle du.*
Lamme(n)dierer nörgeliger Jammerlappen
Latäernn, **Ladernn** Laterne
Latwersch Pflaumenmus
latzze, **laddze** zahlen, etwas bezahlen
lauschbern lauschen
lebbäern trinken
lebbsch sehr schwach gewürzt; *Däs Schilli vom Arne is abbäer heut wieddäer lebbsch du.*
Leo Zigarettenstummel
Lewwerwäerschtsche beleidigte Person
Lieschebeudel, **Lüschebeudel** Lügner
Ligg Lücke
Lillibuddaanäer Lilliputaner, kleinwüchsiger Mensch

lingke Bazill(e) hinterhältiger Mensch
luggiluggi wachsam bleiben
Lullatsch großer (schlacksiger) Mann
lunse heimlich gucken

M

Maa Main
Maabootsche übergroße Schuhe (Mainboote)
Maabrigg Mainbrücke
Maache Magen; *Die scharff' Sooß kann mein Maache net väertraache un brenntd aach noche in de Aache.*
Maamauerbaabambeller, **Maamauäerbaabambelläer** jemand, der auf einer Mauer am Main sitzt und die Beine baumeln lässt (Mainmauerbeinebaumler)
Maane ein rundes, ovales oder eckiges Weidengeflecht, das im Gegensatz zum Korb breiter als hoch ist.
maan(e) meinen; *Isch maan allsema, es dääd jetzz aachema lange.*
Maanese?, **Maane Se?** Meinen Sie..?
Mach disch enei! Komm rein!
Magge verschrobener Einfall , sonderbares Benehmen
Mägges ❶Max ❷Abkürzung für McDonalds
Maggeroni Makaroni
Maddekuche Käsekuchen, Quarkkuchen
Maddsches, **Maddschiss** Matjes
Maddsel|aache, **Matzel|aache** Matzelaugen (Matzel = Schlafsand)
Mais (Mäus) Mehrzahl von *Mäuse*
mallad krank, kränklich

mantsche mischen, mengen
Märsche, **Märschäer** Märchen
Mässäästäschää Messerstecher; *Mässäästäschää, Schwäärväe'bräschää.*
Massel Glück
Matze zähe, weiße Flüssigkeit in den Augenwinkeln
Matzelaache verklebte Augen
mauschele unredlich handeln
Meedsche, **Meedscher**, **Mäjdsche**, **Mäjdschäer** Mädchen
Membel die Brüste einer Frau; *Ei Guude schääne Fraa. Dörftt isch Ihne ma in die Membel bagge?*
mer Wir; *Mer wolle die Käersch dochemol im Dorff låsse, gell.*
merggwörddisch (**märggwörddisch**) merkwürdig
mär waaßes net (mär mungkelt nur) keine Ahnung, vielleicht, kann sein, *man weiß es nicht*
mäscht mär net macht man nicht
meschugge verdreht im Kopf
Mettworscht Mettwurst
Migg Fliege
miggedormmelisch, miggetormmelisch so taumelig (schwindelig) wie eine Mücke fliegt
Miggeschiss eine unwichtige Kleinigkeit; *Mach doch net aus jeedem Miggeschiss en Ellefandeforzz!*
Mooomendemol Stopp!, Halt!
mied müde
Mienz Katze
minannäer miteinander
minnesdens mindestens
Mistkaut (**Buddelkaut**) Jauchegrube
mobbelisch dick
Mobbelsche Person mit Übergewicht
moinsdeweesche (maanetweesche) meinetwegen
morje, morsche morgen

mojenns morgens
Mojn (der), **Moin**, **Moind** Morgen; Guten Morgen
Mooomendemol! Moooment!
mobbse heimlich entwenden
mordds riesig, groß; *Isch habb'n Morddshungäer, du.*
moosern nörgeln
muffelisch schlecht gelaunt
Muggefugg Kaffeeersatz; aus dem Französischen *Mocca faux* (falscher Kaffee)
muggelisch kuschelig
mullmisch mulmig, unheimlich

N

Naa Nein
Naachel Nagel
nachenannäer nacheinander
Nachtkabb einfältige Person
naggisch unbekleidet, nackt
narrisch werdde/werre sich wie verrückt freuen
Nawwel, **Nabbel** Nabel
näemmäer, **nimmäer** nicht mehr
nehmme nehmen
Neischlubbschlabbe (**Neischlubbschuhn**) Pantoffeln (*Hineinschlüpfschuhe*)
net nicht
newwenannäer, **näebbenannäer** nebeneinander
newwenausgehn, **nebbenausgehe** fremdgehen
newohr! nicht wahr!
newwelisch neblig

Nibbes Ramsch
Niggeloos, Niggeläusje, Niggelaas Nikolaus
Niggersche mache sich kurz hinlegen zum Schlafen
Niwwer (üwwer) (hin)über; De Hannebambel mäscht niwwer üwwer die Brügg drüwwer.
noochet nachher
nuff rauf
nuffzuus aufwärts

O

Offebäschäer Offenbacher
oane heewe, oanäer heebe einen heben, ein Gläschen (alkoholisches) trinken
Oobacht!, Obbachtd (gebbe) Vorsicht!; aufpassen
obbe oben
Orschel Orgel; *Die stehe do, wie die Orschelpeiffe.*
Owachtbasse, Obbachtgebbe aufpassen (»Uffbasse!«)
Owwäermotz, Obbäermotz Möchte-gern-Boss
Owwäerstübbsche, Obbäerstibbsche Oberstübchen
owwedriwwer, obbedrübbäer, obbedruff obendrüber, darauf

P

Päafeng (Bafömm, Bafimm) Parfum
Päggelsche kleines Paket

Padde Brieftasche, Portemonnaie
paddele rudern
Paddong! Entschuldigung!, Verzeihung!
Palmegardde (**Balmegadde**) botanische Anlage in Frankfurt
pammbisch pampig, unfreundlich
Pedder Pate
Peifekobb Schiedsrichter
Peiffedeggel! Denkste! Das war wohl nichts!
P(ä)ersching Pfirsich
Persöönsche Persönchen; *Ei gugge ma do, wasse zierlisch Persöönsche.*
petze zwicken, kneifen; »Schobbe petze« (Apfelwein trinken)
Pidsch Pfütze
Pidschedabber springt von einem Fettnapf zum nächsten
piggobello einwandfrei
Pilledreher Apotheker
Pimpernellsche unbeliebte, weibliche Person
Pinsje ein sich ständig beklagender Mensch
piesagge boshaft reizen, provozieren
Pissdippe Nachttopf
Plattkobb Mann mit Glatze
Plimmo Federbett
Plombeziehäer Karamellbonbon
plumm(b)se plumpsen
Pommeranz Mädchen vom Dorf
Pobbanz unnötiger Aufwand
Porzzelbaum, Poddzelbaam Purzelbaum
prääweln lamentieren
Pratze große Hände
Pressluftdschubbe Rock'n Roll Tanzlokal (abgeleitet von Elvis Presley (Pressluft))
probbevoll überfüllt
Proleedeworscht Gurke (*Proletenwurst*)

Puustdebagge Pausbacken
Puddel Fläschchen
Puul Jauche

Q

Quadratlaatsche (**Kwadraatlaatsche**) riesenhafte oder globige Schuhe
Quadratsimbel (**Kwadraatsimbel**) egal was er anpackt, er schafft nur Unfug
Quetsche, **Quädsch** (**Kwetsche**, **Kwädsche**) Zwetschgen
Quetschkommood (**Kwetschkommood**) Ziehharmonika
Quetschekuche (**Kwäddschekuche**) Pflaumenkuchen
Quellmännäer (**Kwellmännäer/Gekwellde**) ❶ Pellkartoffeln ❷ derb: weibliche Brust
Quande (**Kwande**) Schuhe, Füße

R

Raasch Rage, Raserei
Rabbatz Lärm(belästigung), Unruhe
Raabeaas gefährliche, attraktive Frau (*Rabenaas*)
Rabbel Fimmel
rabbeldäerr sehr dünn, mager
rabbeln, **rabbele** urinieren
Rabbeldibbe Pisspott
Rachebuddzer scharfer Billigschnaps (Rachenputzer)

Raddau Lärm
Raddiesje, Raddieschäer Radieschen
Raggäer größere Kinder mit Unfug im Kopf; kleiner Raufbold
Raffel Gebiss, schlechte Zähne
raggäern (abraggäern) schuften
Raggen Roll Rock 'n' Roll
Rambazamba Trubel, Spektakel, wild und ausgelassen feiern
Rämbelei Vorstufe zur Schlägerei
ramboniern zerstören, kaputt machen
ramdääsisch, rammdöösisch benommen
Rämmidämmi Durcheinander, Massenveranstaltung, Lärm, ausgelassenes Treiben, Streit
rattze, **raddze** schlafen
ratzfatz, **ratzi fatzi**, **ratze fatze** mit rasender Geschwindigkeit, schnell
Ratzefummel Radiergummi
ratzekahl völlig kahl
rausdozze heraus fallen
reeduur zurück
Reesche Regen
Reeschesch(ä)errm Regenschirm
Reeschewormm, **Reeschewårmm**, **Reeschewäermmsche** Regenwurm
Reeschedröbbschäer, **Reeschedrobbe** leichter Niederschlag
Ribbsche mit Kraut hessisches Nationalgericht, das neben Handkääs mit Mussigg ganz oben auf der Speisekarte der Hessen steht.
Ribbespeer gepökelter, geräucherter Schweinebraten aus dem Rippenstück
riggzuus zurück
ritzerood knallrot, leuchtend rot
rischdisch richtig

Riwwelkuche Streuselkuchen
robbe rupfen
Rotzkolbe verschnüpfte Nase
ruff, **ruffäer** hinauf
Rumbelkammäer Abstellraum
rumdabbe umhergehen (meist planlos)
Rummstigg Rumpsteak
Runggelroiberrobbmaschien Gerät zur Ernte von Runkelrüben; *Die Runggelroiberrobbmaschien, die robbt die Roibe raus. Un wenn se all gerobbt sin, is däs Roiberrobbe aus!*
runnäer hinunter
runnäerrobbe herunterreißen

S

saache sagen
Saasch ① Schweiß ② Urin
saasche urinieren (seichen)
sabbeln sinnloses Zeug reden
Sabbäer Speichel
Säggel Hosentasche, Jackentasche
Sallatschnegg, **Salladdschnegg**, **Saalaadschnegg(elsche)** Gemüsehändlerin
Sammelsurjumm Sammelsurium, ungeordnete Sammlung
Sattmachäer kalorienreiche Kost
Sauäerkrautschdampfäer holzernes Küchengerät um Sauerkraut zu stampfen
saustargg hervorragend

schääl gugge verlegen, unsicher schauen; *Die is uff aanem Aach schääl.* (Sie hat einen Silberblick)
Schaddeng Garten; *Schass die Karniggel aus'm Schaddeng. Die Viehschäer fresse uns däs ganzse Gemies fott.*
Schaff ein Haufen Arbeit; *Do hot mär sei Schaff mit.* (Da hat man seine Last/Arbeit mit.)
schaffe arbeiten
Schäerzzejäschäer Schürzenjäger
Schatzebobbes Schatz, Liebling
Schawellsche, **Schabellsche** Fußschemel
schbachtdele essen
Schbarschel Spargel
Schbatzepadäerr, **Spatzeparterr** Dachgeschoß
Schbeiss Mörtel
Schberenzjer Umschweife; jemandem Schwierigkeiten bereiten, weil er etwas nicht tun will, was jemand von ihm verlangt (*Sperenzien*); Mach jetzz nur kaa *Schberenzjer*.
schbeuze spucken
schbiggeln, **schbiggele** (heimlich) abgucken
Schiggelschäer Schuhe
Schbilunk heruntergekommene Kneipe (*Spelunke*)
Schbierenzje, Schbierenzschäer jemand bereitet einem Schwierigkeiten, weil er nicht tu, was man von ihm verlangt (*Sperenzchen*)
Schbischel (**Spieschel**) Spiegel
Schbischelei Spiegelei
Schbitzkliggäer besserwisserischer Mensch
Schbrischklobbäer, **Schbrischklobbää** Sprücheklopfer
Schbund Halbwüchsiger
Schdaa (Staa) Stein
Schdammdischkneib Heimat im engeren Sinne (*Stammtischkneipe*)
schdängern Streit anzetteln
Schdäschää Liebhaber (Stecher)

schdibbe tunken
schdibiddze klauen
schdingkisch ➊ übel riechend ➋ gereizt
Schdobbelhobbsäer kleiner Junge
Schdöffsche (**Stöffsche**) Apfelwein
Schdribbezieher Elektriker
schdrimmbisch ohne Schuhe, nur in Strümpfen
schdrunze (strunze) ➊ prahlen ➋ herumstreunen; ausgehe
schdruwwelisch, **schdrubbelisch** ungekämmt, zerzaust
schdummbe (stumbe) ➊ schubsen, stoßen, anrempeln
➋ billige Zigarre (*Schdumbe*)
Schdummbklääß gestochene Klöße
schebb schief
schee, **schäa**, **schey** schön
schenne schimpfen
Sch(ä)ess(e)long Sofa, Schlafcouch
Scheuäer(n) Scheune
Schibb un Beese Kehrschaufel und Handbesen
Schibbsche kleine Schaufel
schiffe ➊ regnen ➋ pinkeln
Schillee, **Scheeley**, **Schällee** Gelee
schinanntd, **scheenanntd** schüchtern
Schlaawien(ä)er durchtriebener Geselle, dem so leicht nichts anbrennt
Schlabbe Hausschuhe
Schlabbefliggäer, **Schlabbekiggäer** unzuverlässige Person
schlabb mache Energie verlieren, aufgeben, enrgielos
Schlibbsche (**Schlippsche**) ➊ Schleife (*Schlupf*)
➋ Frankfurter Mädchen wurden früher Schlippsche genannt, weil sie viele Schleifchen trugen. Der Begriff *Frankfurter Schlippsche* wird heute verwendet für ein frühreifes und/oder leichtsinniges Mädchen oder einen bösen Jungen. Allerdings is das nicht böse gemeint und daher auch kein Schimpfwort.

Auch ein leichtsinniger junger Mann wird manchmal so genannt.
Schligge, **Schligges** Schluckauf
Schloofschdubb Schlafzimmer
Schlubb Schleife
Schmatzzäer Kuss
Schmiss Schläge
Schmuu Betrug, fauler Zauber
Schmuus leeres Gerede, dummes Geschwätz
Schnäppsche Sonderangebot, Billigangebot
schnaggeln kapieren
Schnibbelsche kleines Stück
Schniggäer Schubs
Schnittlauchlogge dünne, glatte Haare
Schnorräer auf Kosten anderer Lebender
Schnubbe Schnupfen
Schnuggelsche ① etwas zum naschen ② Kosewort für den/die Liebste(n)
Schnuud Mund
Schobbe ① ein Glas Apfelwein im Geribbten (*Geribbde*) ② einkaufen, shoppen
Schöbbsche kleines Glas Apfelwein
Schoddäer Bargeld
schoggele schaukeln
Schoggelgaul Schaukelpferd
schrääsch druff schlecht gelaunt
schubbse stoßen
Schwarwenzeler, **Schaarwenzeläer** einer, der ständig um einen tänzelt (herumschawenzelt)
Schwelles dicker Kopf
Sembf Senf
Sewwelaadworscht Salami (*Zervelatwurst*)
siwwe, **sibbe** sieben

Spinneriddies (krankhafte) Spinnereien; *Der hot die Spinneriddies, de Kerll.*
Spritt ❶Benzin ❷billiger Fusel
Stiwwel, Stiffel, Schdiwwel, Schdiffel Stiefel
strulläern urinieren
Suddelweddäer schlechtes Wetter (meist nasskalter Regen)
Subbedibbedeggel Suppentopfdeckel
Süßmaul, Sießmaul jemand, der gerne nascht

T

Tannegiggel Tannenzapfen
Teschdelmäschdel Liebesaffäre, -abenteuer
Tibbs Sekretärin, Schreibkraft
Toomaad Tomate
traadsche, traatdsche schwatzen, lästern
Traatschtand Tratschtante
Tranfunzel, Traafunzsel Ausdruck für eine vor sich her dösende, lahme Person; oder jemand, der ständig auf der Leitung steht
trättsche, trättsche (auch: **dräddsche)** stark regnen
Trauäerklooß, Trauäerlabbe trauriger Mensch
traurisch, traarisch traurig, tragisch
triedzese plagen, quälen
Treedäer Schuhe
Trobbe Tropfen
Trottwaa, Troddwaa Bürgersteig
Trottwaarschnegg, Troddewaaschnegg wie Bordsteinschwalbe; Straßenprostituierte

trüüb Dass, trieb Dass langweilige Person, mit der nix anzufangen ist; trübe Tasse

U

Übbrisch, üwwerisch übrig haben
uff die Nuss auf den Kopf (»Deem Dreggbangäert haach isch mit Genuss uff die Nuss.«)
uffbabbele zu etwas überreden, aufschwätzen
Uffbasse! Aufpassen! Acht geben.
Uffbassäer Aufpasser, Wachhund
uffbumbe etwas mit Luft füllen, etwas auf den Boden werfen
uffdonnäern (sich) aufdonnern
uffenannäer aufeinander (»Uffenannäer, üwwäernannäer, unnenannäer, nebbenannäer... alles kreiz un kweer dorsch de Gemiesegardde.«)
uffgeblaase, uffgebloose eingebildet
uffgestumbbtd klein; aufgestoßen; *De Börschäermeistdäer is en klaane Watz. So'n Uffgeschdumbbtde, waaßstde?*
uffheern, uffhäern, uffhäärn aufhören; *Häer doch uff, geh fott*
Ufflaaf Auflauf
uffmische jemanden ärgern
uffmugge aufsässig werden
uffraame aufräumen
uffrabbele aufstehen, sich aufrappeln
uffreesche aufregen
uffrobbe aufreißen
uff's Häernn dozze auf den Kopf fallen

Uffschnitt Wurst-Aufschnitt
Uffzuuch Aufzug
uhruhisch, uhruhisch unruhig
umkrämbeln ändern
unaans uneinig
ungerubbtd ungeschoren; *Der kimmt mer net ungerubbtd dadevonn*
unne unten
unnäernannäer untereinander
Unnersischguggäer verschüchterter Knabe
Urrumbel Ungehobelter (rücksichtsloser) Mensch; Rindvieh
unsäer, unsäer*m*, unsäer*n*, unsäer*ne* unser, unserem, unseren, unsere

V

v(ä)eraarsche, ve`aarsche verulken
v(ä)eräbbele, veräbbeln jemanden hereinlegen
V(ä)erbabbdäer für ihn ist die Zeit stehengeblieben.
v(ä)erbutzze, v(ä)erbuddze aufessen
V(ä)errdel Viertel
v(ä)erdorschde verdursten
v(ä)erdresche verhauen
v(ä)erfresse (fääverfresse) verfressen
v(ä)ergugge ❶ *Vergugg disch* (Täusche dich da mal nicht) ❷ *Der hot sisch in däs Weibstigg verguggt.* (Er hat sich verliebt)
v(ä)erhaggstügge, v(ä)erhaggschdiggele, ve'haggstüggele bis ins kleinste Detail besprechen
v(ä)erhassbele sich versprechenv

v(ä)erzoddele (verschlammbe) etwas verlegen, verlieren
Vehiggel (Fäähiggel) Vehikel
v(ä)erhonnebibbeln, v(ä)erhonnebibbele lächerlich machen, verspotten
v(ä)erhuddzseln zusammenschrumpfen
v(ä)erhunnse verhunzen, verderben
v(ä)erjuggse vergeuden
v(ä)erjuubeln, v(ä)erjuwweln (sinnlos) ausgeben, verjubeln
v(ä)erkliggäern, v(ä)erkliggere erklären
v(ä)erklobbe ❶ jemanden verprügeln ❷ etwas (unter Wert) verkaufen; *Mir habbe die Hütt fäer'n Abbel un' Ei verklobbt.*
v(ä)erknöchert starrsinnig, verbohrt
v(ä)erknibbeltd, v(ä)erknoddeltd verknotet
v(ä)erkrotzze, v(ä)erkroddze unbrauchbar machen
v(ä)erkrummbeln zerknittern, verbeulen
v(ä)erloddäern verwahrlosen
v(ä)ermorggse vermurksen
ve'naacheltd begriffsstützig
v(ä)erplemmbäern, v(ä)erbullwäern verschwenden
v(ä)errammsche billig verkaufen
v(ä)errobbe verreißen
v(ä)errobbtdäer Giggel (zerrobbdäer Giggel) verwahrloster, ungepflegter Mensch
v(ä)ersagge absinken, untertauchen; *De Vaddäer is wieddäer ärschendwo in de Äbbelwoistubb versaggtd.*
v(ä)erschdeggele verstecken
v(ä)erschlabbäern verschütten
v(ä)erwaddzsc, v(ü)erwammse verdreschen
v(ä)erworschdelt durcheinandergeraten
v(ä)errzeh vierzehn
v(ä)errzisch vierzig
v(ä)erzäähle, ve'zäähle (fäärzäähle) erzählen

W

waddzsisch unverschämt, gierig
Wäldschesdaach Hessisches Volksfest am Dienstag nach Pfingsten (*Wäldchentag*)
Wällfleisch, Wellflaasch gekochte Oberschale vom Schwein
Wamb(es) dicker Bauch
Wärschtdsche Würstchen
Wärtschaftd, Wärddschafd ❶ Lokal, Gaststätte ❷ Wirtschaft (Ökonomie)
Wärrwaar Wirrwarr
Wäschlabbe Waschlappen; Weichei
waschoinds, we'schaanlisch, wahrscheinlisch
waasch weich
Wassäerhäusje Kiosk
Wassäerkrahn Wasserhahn
Wassäerschdaa (Waschbegge) Waschbecken
Wasserschdaabäerscht Wurzelbürste
Weck Brötchen, Semmel
Weesch Weg
weeschemir meinetwegen
Wehwehsche Aua!
Weilsche (eine) Weile
Welscherholz Nudelholz
Welschesdaach (Wälldschesdaach) Frankfurter Feiertag; Dienstag nach Pfingsten
W(ä)ermscher Würmer
W(ä)ersching Wirsing
Wicksbäerschtd Polierbürste
widd die Wand geklobbt an die Wand geschlagen (geklopft)

widdäer, widd gegen, wider
widdäerborstdisch widerspenstig
widdäerwärddisch widerwertig
Wiggeldisch, Wiggelkommood Wickeltisch, Wickelkommode
Wiesaasch Gesicht
wischdisch wichtig
Witzischkeit Heiterkeit
wo deweddäerdozze gegen etwas stoßen
wo hie mache ein Ziel ansteuern
worschtdegal (worscht) gleichgültig, unwesentlich
worschtdele beschäftigt sein, vor sich hin werkeln
Worscht Wurst
Worschtfingäer dicke Finger
Worschtsupp Wurstsuppe
Worschtzibbel Ende einer Wurst (*Wurstzipfel*)
Wubbdisch! Los!; Auf geht's!
Wutz Schwein

X

Xangsfäoin (G'sangve'oin) Gesangsverein

Z

Zabbe ❶ Zapfen ❷ Ende

zabbeduustdäer stockdunkel
Zabbelfillipp *Zappelphilip*, unruhiger, nervöser Junge/Mensch
Z(ä)erggus Zirkus
zaggisch flott, zügig
Zassdäer Geld
Zeil Frankfurter Einkaufsmeile
zerdebbäern kaputtschmeißen
zesammegestebbeltd fehlerhaft zusammengebaut
zesammelebbäern ➊ sich anhäufen ➋ gewünschte Anzahl (meist Geld) nach und nach anhäufen
Zeusch Zeug
Zibbel Zipfel, Penis
Zingke Nase; *Der hot en digge Zingke in de Wiesaasch*
Zobb Zopf
zobbele zupfen, ziehen
Zuggäerschneggsche, **Zuggäerschneggelsche** ➊ Zuckergebäck ➋ Bezeichnung für eine attraktive, junge (süße) Frau
zuggeln sehr langsam fahren
zwaa zwei
Zw(ä)ersch Zwerg
Zwiebbel, **Zwiwwel** Zwiebel
Zwiggmiehl, Zwiggmühl ausweglose Situation (Zwickmühle)
zwittschäern, zwiddschern ➊ zwitschern ➋ verraten ➌ einen Trinken (*aanäer zwittschäern*) ➍ twittern
zwiwweln ➊ quälen ➋ jemandem eine Backpfeiffe geben
Zwoggel kleinwüchsiger Mensch

Anhang C: Klaanes Wörddäerbuch Hochdeutsch-Hessisch von A-Z

A

Ätsch! Puusdekuche!
ab morgen von morsche/moije aa
Abendessen Nachtdesse
aber awwer, abbää, abbäer
Abfall de Dregg, de Käerschel
Abfalleimer Dreggaamäer
Abflussrohr Aabeerohr
abhauen weggmache, fottlaafe, fottmache
Ach (her)je! Ei-jei-jeijeijei(jeijei)!
albern giggelisch
allein elaans
allmählich nach un nach
als wo (»Wo mir dammols ma bei de Offebäschäern ze Besuch waare, habbe mer unsäern blaues Wunnäer erleebt – däs kann isch däer saach du.«)
altmodisch von Annoo Dubbagg
an aa
Andenken Erinnäerungsstüggsche; Aadengke
andere annere, annäern (»Wesweesche soll's annäern Leutd dann bessäer gehe, wie mir?«)
anders annäerstder, annäerschder

Angeber Sprüschklobbäer/Schbrischklobbää, Aagewwäer, Röösder, Grooßduhäer (»De Sprüschklobbäer gibbt wieddäer aa, wie e Dudd voll Migge.«)
angrappschen bedattsche, befummele
Angst Bammel, Schiss, Muffe (»De Muffegängäer hot Schiss in de Bucks.«; »De (Ängst)Schissäer hot muffe.«)
ängstlisch bibberisch
(an)stoßen stummbe (»De Dreggsagg hot misch gestummbt.« – De Drecksack hat mich geschupst/gestoßen.)
Antiquitäten schääne, alde Sache; schee aldes Zeusch
Apfelwein Äbbelwoi (Ebbelwoi), Äppler, Stöffsche, Schobbe (»Ob Äbbelwoi, Äppler oddäer Schobbe, däs Söffsche is un bleibt en guude Drobbe!«)
Apfelweinkrug Bembel, Bemmbel, Bämmbel (»Hier Eddgar! Reisch mär ma de Bembel rübbäer!«)
Apotheke Abbedeesch, Abbotheeg
Ärger Ärschää, Stungk
ärgerlich ärschäälisch
auch aa, aach
Aufpassen! Uffbasse!, Achtgebbe!, Achtbasse!, Owwacht gebbe!
aufreißen uffrobbe
aufwischen uffbuddze
Augenlid(er) Aachedeggel(sche)
aus aas; von (»Ei Guude! Isch komm/bin gebörddisch von Frankfortt.«)
Ausflug Spritzduur
ausgerechnet ausgereschend

B

Baby Bobbelsche (»Ei, wosse goldisch Bobbelsche!«)
backen bagge
Bauch Ranzse, Wamb(es)
Bauchschmerzen Ranzsereiße
Baum / Bäume Baum, Baam / Bääm, Bäum
begriffsstutzig unnäerbelischdet, vernaacheltd (vernagelt), daab (taub)
bekommen kriehje, krische (»Da kännt mär grad die puddelnaggisch Krängk kriehje du.«)
Berliner (Pfannkuchen/Krapfen) Krebbel
Beruhig dich! »Krisch disch wieddäer ei!«; »Reesch disch ab!«
beschmutzen dreggisch mache; väersaue
besonders besonnäers
Beton Beddong, Bäddong
betrügen behummse, bedubbe, bedubbse, belubbäern, beluurn
betrunken besoffe, discht, zugeballäert, voll; sehr betrunken: rabbeldischtd, haggeduddeldischtd, dischtd bis owwe hie.
bezahlen blesche, latdze, berabbe
bisschen bissi, e bissi, bissje
Bitte? »Hä?« oddäer »Woss?«
blöd blääd
Bonbon Guudsje, Klummbe
Bottich Bütt
Brei Brammbes,
Brötchen Weck, Wägg, Bräädsche
brüllen kreische, Bläerre

Bürgermeister Bäerschemeisdäer, Börschemeistdää, Bollemoschdäer
Bürste Bäerschtd
Busen Möbbs, Membel, Eumel

C

Chance Schanggs, Geleescheheit
Chef Scheff, Kabbo, Bürroocks, Sklaawetreibäer
cholerisch hitzkäbbisch, hitzegiggelisch, zorngiggelisch
Clown Kloon, Hambel
Courage en Aarsch in de Bucks habbe

D

dafür defier, dodefier, dodefäer
dagegen degeesche, dege(e)je, dodegeesche
dahinter dehinnäer, dodehinnäer
damals dunnemools, dammols, Anno dutzemal
darüber driwwäer, dodedrübbäer
darunter drunnäer, unne drunnäer
das däs
dass däss
davon dadevoo, dodevonn
dazu dezu, dadezu
dein dei, doi
deswegen / deshalb desweesche, desdeweesche, desweje

dick mobbelisch
dieselbe die|selwische (dieselbige)
disbutieren, diskuttieren dis(s)bediern, dis(s)bediere
drauflos deweddäer (»Druff un deweddäer!« – Drauf und dagegen/An die Arbeit)
dreist unväerschäämt
Dummkopf Bläädhammel, Bläädkobb, Bleschkobb, Schleeschtschwätzäer, Däämlack, Dolles, Dollbohrer
durchdrehen ausflibbe, austiggäern
Durchfall Dorschmarsch, en flodde Oddo, en Flodde, Dinnschiss, en Dünne
durchschauen spitzkriehje (herausfinden)
dürfen därffe
Durst Dorschtd

E

eben eebe, eewe (»Eebe habbe mer's gell.«)
egal worscht, worschtegaal
Ehefrau bessäere Hälft, Schbätzje, Mäusje, Mäuselsche, Scheffin, Dragonäer, Gewiddäerhex, (aal) Biggs
Ehemann Göddäergadde, de Alde, de Vaddäer, Hannebambel, Hambel (Pantoffelheld), Häersch (Hirsch)
eigenartig koomisch, eischearddisch
Eile die Jäschtd
Eimer Aamäer
ein e
einander enannäer
einmal emol
eins aans

einsam elaans, soolo
einzigartig einzsischarddisch, besonnäers
elf öllf, ällf
Eltern Erzeuschäer
entknoten uffpiddele
Entschuldigung! Tschuldischung!; Es duud mer laad.
entzwei gabbutt, im Aarsch
Erkältung die Kränk habbe; de Dalles, Husde un Schnubbe (»Geh net so nah an misch draa. Isch habb de Schnubbe, waaßtde?«)
erklären verkliggäern
erschrecken verschregge
erzählen verzäähle
etwas ebbes, wass
euch eisch
euer euäer(n), eij(ä)er(n)
eure euäerne, eij(ä)erne

F

fad lebbsch, läbbsch
Fahrrad Radd, de Häersch
Familie Fammillje; bugglisch' Verwandtschaftd (komplette Familie mit Anhang); Verwandtschaft negativ: Bagaasch
fantasieren rumspinne
faseln laabäern
Faulpelz Flabbsch, Nachtkabb
Februar Febbruwaa, Fäbbruwaa
Feierabend Feijäääawend; ferddisch
Feigling Schissäer, Waschlabbe, Muffegängäer, Feischling

Ferkel Ferggelsche, Wützje, Schweinsche
Fernsehapparat Fernseh', Klotzz, Klotzefoon, Mattscheib
fertig ferddisch (»Isch bin jo heut wieddäer fix un ferddisch midde Nerffe.«
Fest Feede, Parddie
Feuer Feuäer, Flaggäersche
Flasche Flasch, Boddel, Buddel
fortführen weidäer mache; alls weidää
Foto, Fotoapparat (de) Foddo
Frack Schwalweschwänz (Schwalbenschwänze)
Frau Fraa
frech pambisch, fresch, unarddisch
Fremder Auswäerddische
Fremder, der zugezogen ist Eigeplaggtde, Oigeplaggtde
Frikadelle Friggadell(sche)
Frühstück Friehschdigg
fünf finf, fimf
fünfzig fuffzisch, fuffzsch

G

Gabel Gawwel
gaffen kloddze; blääd in de Geeschend rumgugge
Garderobe Garddroob
Garten Gardde
Gasthaus Wäertshaus, Wäertschaftd; die Beids
Gebäckstückchen Plätzje
geben gebbe
Gebiss Raffel, Geraffel, Kauleistd
Gebrüll Gekreisch, Gekrisch

Geburtstag Geborttsdaach, Wieschefest
gegen geesche, gäje
Gegenteil Geeschedeil, annäerstdrimm (anders herum)
gegenüber geeschrübbäer, gescheriwwer, wissawie (vis à vis)
gehen gehe
Geizhals Knausäer, Groschepetzäer, Spaarbräädsche, Kniggsagg
geizig kniggerisch
gelb geel
Geld Flogge, Schoddäer, Zastdäer, Mooneede, Pinunnzse
Geldbeutel Pottmaanee, de Padde, Säggel
Gemüse Gemies
Gemütlichkeit Gemiedlischkeid
genau so isses; rischdisch; sowwieso; eh
Geruch Düftdsche, Diftdsche
Geschrei Gekreisch, Gebläerr
Geschwätz Gebabbel, Babbelababb
Gesicht Wiesaasch, Banatdzel, Gesischtd, Brezzel
Gestank Mief, Muff
gesund dobbfitt
Glatzkopf Plattkobb
gleich glei, gleisch
gratis fäer umsonstd
gratulieren graddeliere
Grippe Huusde un Schnubbe; die Gripp
Großmutter Omma
Großvater Obba
grün grie(n)
gruselig gruselisch, schaudäerhaftd
gucken gugge
Gurke Gorgg, Görggsche
guut guud

H

Haartrockner Föön
Habseligkeiten Sibbesache
Hammer Hammäer
Handtuch Hannduuch
hauen haache
Häuschen Häusje, Häussche, Heisje; die Hütt
Hausschuhe Schlabbe, Pandoffel
Heiligabend Heilischawend
heim haam (»Mir mache haam.« a– Wir machen uns nach Hause.«)
heimlich haamlisch, hoimlisch
heiraten heiraade, heijäern
heizen warmm mache
Herrje! Jesses!; Jessesnochmol
herum erumm
herumstrolchen rummstromäern
herunter enunnäer
herzen bobbele
herzig schnuggelisch, goldisch
heule greine
Heulsuse Pienslie(je); (aal) Flennäern
hinauf enuff, nuffzuus, ruff(äer)
hinaus enaus, naus
hinein enoi (»Äbbelwoi! Hals enoi!«)
hingehen hiemache
hinsetzen hiehogge
hinten hinne
hintereinander hinnenannäer
hinterherrennen naachmache
Hintern Hinnäern, Bobbes, Aftdäerballe

hinüber enübbäer, eniwwäer
hinunter enunnäer, runnäer
Huhn Hingkel
Hunger Koohldammp(f),
hüpfen hübbe, hibbe
Husten Huusde

I

ich isch
ihm em, demm, deem (»Isch habb em schonn hunnäertd ma gesacht, däss der däs lasse soll. Abbäer de Schluurie häert jo kaan Schlaach. *[Er hört keinen Schlag]*«
ihn en, dänn, deen (»Isch habben jo schonn gekennt, do war äer noch en klaa Bobbelsche. *[Ich habe ihn schon als kleines Baby gekannt]*«
ihnen ihne, deene, dänne
immitieren nachmache, nachäffe
immer immäer, alls (»De Hausdrache is alls hinner mir her. Do kännt isch grad verriggtd werre. *[Meine (Ehe)Frau ist ständig hinter mir her. Da könnt ich verrückt werden.]*«)
immerwieder / immerzu allsfott, alle-ridd
Internet Indernett
irgendwie, irgendwo, irgendwann ärschendwie, ärschendwo, ärschenwann

J

ja jaa
Jacke Jagg
Jäger Jäschäer, Jäschäermeisder, Waldmeistdäer
Jahr Joahr (»Aldäer Schlabbekiggäer. Däs Joahr is jo schonn bald wieddäer rimm du.«)
Januar Jannuwaa
jauchzen juchdze
Jesus! Jesses!
jetzt jetzz
jucken jugge (»Wenn's jugge duud musstde disch kratdze, gell.«)
Jugend Juuchend, Juuschend, junge Leut, Tienättschää
Junge Bubb, Bübbsche; **kleiner Junge**: Stebbes

K

Kaffee Kaffee, Kaffää(ee)
Kaninchen Karniggel
Kapelle Kabell
Kartoffel Gardoffel
Kartoffelpüree Gardoffclschdämmbes
kaufen kaafe
kein, keine kaa (»De Kerll hot kaa Ahnung von nix.«)
keinen kaan
keiner kaanäer
Kerl Käerll, Kerll (»Kerlle naa.«)
kichern giggeln, giggele

Kiosk Wassäerhäusje, Schdändsche
Kirche Käersch
Klatschtante Petzlies(je)
kleben babbe
Kleber Babber
klebrig babbisch
klein klaa
Kleinbürger Schbiessäer
Kleinigkeit Klaggs
Kleinkram Miggeschiss
kleinlich kniggerisch
Klingel Bimmel, Schell (»Es hot an de Dier geschellt. Beweesch ma dein' Hinnäern von de Kautdsch runnäer un machema uff.«)
Kloschüssel Klooschissel
Kneipe Kneib, Beids
Knirps Zwoggel
Knopf Knobb
Kopf Kobb, Wäersching, Deez, Däätz
Kopfschmerzen Kobbweh, Migrään (»Isch haach däer uff de dolle Wäersching, bis de Kobbweh bekimmst.«)
Kraft Schmagges
krank mallaad, krangk, krängklisch
Krieg Kriesch
Kröte Krott
Küsche Küsch, Kisch
Kugel Kuuchel
Kuhfladen Kuhflattschäer
Kühlschrank Eisschrank
Kürbis Käerbiss
kurz korzz
Küsschen Küssje, Bussi

L

Lagerfeuäer Flaggäersche
lamentieren lammendiere, prääweln
Lappen Labbe
Lärm Raddau, Krach
lärmen krakeele
latschen laatdsche
laufen laafe
läuten bimmeln, bimmele, klinggele
Leben Leewe, Lebbe, Leebe (»Lebbe geht weider.«)
Leberwurst Lewwerworscht, Lebbäerworscht (»Die Jungfraa un die Lewwerworscht bleibe eewisch unerforscht.«)
legen leesche
Leute Leut, Leud, Leit, Laid
lieben saumääsisch gernn habbe
liebkosen knuddele
Limonade Limmo, Limmonaad, Fanda
Lineal Linnjaal
listig hinnäerfotzisch
Los! Auf!; Deweddää!; Allee hobb!
loswerden abhängge
Lügner Lüüschebeudel, Lieschebeudel, Kabbesbabbeler
Lümmel Lausäert, Bangkäertd
Lust Bogg
lustig lusdisch

M

Mädchen Määdsche, Schnegg, Schneggsche, Schneggelsche, Zuggäerschneggelsche
Main Maa
Manchmal manschma, manschemol, manschesmol
Mann Mann, Kerll, Magger
Märchen Märsche, Määrsche
Material Mattrejaal
Maul Fress, Fressaasch
Maulwurf Maulworff, Blindgängäer
Meerrettich Meereddisch
mein, meine mei, moi
meinetwegen moinsdeweesche, maanetweesche, von mir aas.
merkwürdig koomisch, merggwörddisch
Metzger Metzgäer, Metzjäer
mickerig miggerisch, miggrisch
mindestens minnesdens, minnsdens, wenn net noch mehr
Mittagsschlaf Niggersche, Siejesda
Mittelfinger Stingkefingäer
Moped Mobädd, Mobbedd
Morgen Moind, Morsche, Morje, Mojend
müde mied
Mühe Müh, Mieh
murren muggse (*mucksen*)
munter mundää, mundäer
mürrisch muffelisch
Musik Mussigg
müssen müsse, misse (»Müsse misse mer gar nix.«)
Mutter Muddää, Mudder, Muddäer

Mütze Kabb, Batschkabb (»Nimm gefällischst ma die Batschkabb ab, wenn de mit mir babbelst.«)

N

Na sowas! Uii!
nach oben nuff, enuff
nackt naggisch
Nanu! Huch!
Nase Gummäer, Naas, Zingke
neben nebbäer, newwer
necken frozzsele, uudse
nehmen nehmme, nähmme (»Die nehmme's von de Lebendische.«)
nein naa
nervös hibbelisch, kribbelisch, nerwääs, nerwöös, uffgereescht
nichts nix, niggs
niemals im Leebe/Leewe net.
niedlich drollisch, butzisch, goldisch
niemand kannäer
nieseln dröbbele, dräbbele
nirgends närschends
nirgendwo närschendwo
November Nowemmbäer
nun jetzz (»Jetzz mach abbäer kaa Dingäer du un lossemo die Käersch im Dorff!«)
nützlich nitzlisch, niddzlisch

O

oben obbe
obendrüber obbedribbäer, owwedriwwer
oder oddäer, oddää
Ohren Ohre, Lauschäern, Lauschersche, Lauschäschää (»Häer mo zu un sperrma die Lauschäern uff!«)

P

Pantoffeln Schlabbe
Pantoffelheld Hambel, Hannebambel
Papa Babba
Pappkarton Babbedeggel, Karddong
Pärchen Päärsche
Parfum Pafäng, Parfimm
Pellkartoffeln Kwellmännäer, Gekwellde
Pfanne Pann
Pfarrer Parräer
Pfeffer Peffää
pfeifen peife
Pfeife Peif
Pferd Gaul
Pfingsten Pingstde
Pfirsich Fäerssisch; scherzhaft: Persching
Pflaumen Kwetdsche
Pfusch Morggs (Murks)
Pfütze Piddsch
plappern babbeln

Plätzchen Plättzje
plaudern babbeln, paalaawäern
Polizei Bollizei, Bullerei
Polizist Bollizist, Bulle
poltern rummbeln
Popo Bobbes
prickeln biddzseln
prügeln väerklobbe, väerbimmse, väerbummbe, rumbummbe

Q

quälen kwääle, malträdiern
Quark Kwarkk, Madde
quasseln babbeln
Quetschen Zwettschge
quetschen kwetdsche, zesammedrigge
Quittung Kwiddung

R

Radiergummi Ratzefummel
Radieschen Radiesje
Radio Raadjoo
Raketenforscher Raakeededifttläer (*Raketentüftler*)
Rauch Kwallm
rauche raache, bloddze, paffe

rechtzeitig zeidisch
Rede Rädd, Räed
reden redde, räedde, babbeln
Regenschirm Reescheschäermm
Reibekuchen Gardoffelpannekuche
rennen renne, laafe, wetdze
Rest däs/'s Iwwerische (das Übriggebliebene)
richtig rischdisch
Rücken Rigge, Buggel, Kreiz
ruinieren gabutt mache

S

sagen saache
Sahne Schlaachsahn
Samstag Sammsdaach
sauber saubäer, sauwä
säubern buddze, in die Reih mache
Sauerkraut Kraut
Säufer Schluggspescht, Schnabbsdrossel, Suffkobb, Bembelbrennäer
Säugling Bobbelsche
Schatz(i) Schnuggel(sche), Schatzimausi, Schatzebobbes
Schelm Schlaawienäer
Schere Schäerr
Schiebermütze / Schirmmütze Batschkabb, Baddschkabb
schief schebb
schimpfen schenne, motzde
schlafen schloofe, ratdze, penne, knagge
schlaff flabbschisch, labbeduddelisch, schlabb

schläfrig dääsisch, mied
Schlägerei Bummberei, Klobberei, Fratdzegeballäer
schlau net uff de Kobb gefalle
schlecken schlabbäern
Schleife Schlubb
schließen zumachen
Schlitzohr Schlaawienäer
Schluckauf Higgser, Schligges
schmächtig schmäschdisch, miggrisch
schmeicheln schleime, (rum)schloime, Aarsch kriesche
schmerzen wehduun
schmierig schmuddelisch
schmutzig dreggisch, verdreggtd/ve'dreggtd, versifftd/ve'sifftd, siffisch
Schnaps Schnäppsje, en Korzze
schnarchen schnargkse, sääsche (*sägen*)
Schnauze Schlabbe, Schlabbmaul
schnell hurddisch, mit Karacho
schnüffeln schnubbäern
Schnupfen Schnubbe
Schokolade Schoggelaad
schön schee, schää, schey
Schoppen Schobbe (in den meisten Fällen bezogen auf *Äbbelwoi*)
schreien kreische
Schreihals Krischäer
Schublade Schubblaad; Krimskram-Schublade: Kruschelschubblaad
Schuhe Schuuhn, Schlabbe, Treedäer, Laatdsche
Schüssel Schissel
Schwätzer Schwalläer, Schwalldibbe, Schleeschtdschwätzer, Dummschwätzer, Dollbabbler
schwindelig schwinnelisch, tormmelisch, miggetormmelisch

Schwiegersohn Dochdermann, Schwieschääsohn
Schwiegermutter aaläer Draache, Schwieschäämuddää
sechzig seschdsch
sehen gugge
Senf Semmbf
Sie Sie, Se
sieben sibbe, siwwe
Silvester Silwesdää, Knallerei
sitzen hogge
Sofa Soffa, Kautdsch, Schässelong (*Schlafcouch*)
sonderbar koomisch (»En koomische Kaudz.«; »En koomische Heilischer.«)
Sonntag Sonndaach
Spaß Schbass, Spass
Spiegelei Spieschelei
Splitter schliwwäer
sprechen babbele, räedde, schwäddze
springen hobbe, hobbse
Sprudelwasser Biddselwassäer
Staubsauger Staubsauchäer, de Dreggdeiwel
stehlen mobbse, klaue, eisäggele, kassiern
Storch de Klabbäerstorsch
stoßen schdummbe
Straße Straaß, Gass (»Mach disch von de Gass, du Hannebambel, bevor isch disch pladdisch fahr!«)
Streit Knaatdsch
streiten annenannäer geraade, zoffe, sisch krache, disbediern
Streusel Riwwel, Krimmel
Streuselkuchen Riwwelkuche
Strümpfe Schdrimmb
struwwelisch jemand mit zersaustem, ungekemmtem Haar
Stuhl Hoggäer, Schduuhl
süß sieß
Süßkartoffeln Sießgardoffeln

T

Tabak Dubbagg
Tag Daach
tanzen danzse, rumzabbele/rumhambele (Disco)
Tapete Daabeed
Tasche Dasch, Täsch
tatterig dadderisch
taub daab
Taube Täubsche
teilnehmen mitmache, mitmische, middmache, middmische
Telefon Tällefoon, Händie, Schmarttfoon
teuer deiäer
Teufel Deiwel
Tochter Dochder, Dochdäer
Toilette Kloo, Aabee
Tölpel Dabbes, Dilldabb, Hallebatsch
Topf Dibbe
Tourist Auswäerddischäer, Tuuristd
tratschen traatdsche
Treppe Drebb
treten treede, dabbe
trinken tringke, schlugge, Schobbe petze
Tüte Dudd

U

übel iwwel, üwwel
üben iewe, übe, übbe

über iww(ä)er, übbäer
überall iwwerall, übbäerall
übereinander iwwäenannäer, übbäerenannäer
übergeben koddze, kotzze, bresche
überzeugen rimmkriehje, iwwerzeusche
übrig iwwerisch, übb'risch
übrigens iwwerischens, übbrischens, a pro Po
umarmen greife
umziehen umziehe, wo annerst hin mache.
und un(n)
Unfug Kabbes, Schduss, Koggeloores
ungeschickt dabbisch
ungewöhnlich schrääsch
unheimlich mullmisch, gruuselisch
unordentlich schlammbisch
unten unne
unter unnäer
Unterwäsche Unnäerwäsch

V

Vater Vaddää, Vaddäer
Verbrecher Ve'breschää, Ve'breschäer, Schdrommäer
Verdammt! Kagge!; Scheißdregg!
verderben verhunse, versaue
verdoppeln uffdobble
verdorben schleeschtd
verdutzt baff (»Do bistde baff, gell.«)
vergessen vergessem verschwitdze
vergesslich schusselisch

Vergnügen Väergniesche
verhahnebibbeln, verhonnebibbeln jemanden für Dumm verkaufen
verliebt väerknalltd
vernünftig väerninftdisch
verpetzen saache, verraade
verrückt blemmblemm, beklobbtd, newwer de Kabb, en Dubbe habbe, en nasse Huut uffhabbe, aanäer am Sträuße habbe, en Schlaach midde Wicksbäerschtd bekomme habbe.
versteigern verhöögern, verhäägäern
verstehen mitkriehje
viel jeede Menge, en Haufe, en ganzse Aarsch voll
vierzig väerzsisch
Vogel Voochel (Mehrzahl: Veeschel)
von oben (herunter) vonn drowwe, vonn obbe (nunner)
vorbei rimm, umm, voriwwäer
vorrübergehend korzzeidisch

W

wahrscheinlich vermuddlisch, weschaanlisch, waschoinds
warten wardde
was wass, woss
waschen wäsche
wecken wach mache, uffwegge
wegen weesche, weeje
Wein Woi
weinen flenne, greine, jaunäern, heule
weiter weidäer
wem wemm, weem

wenig weenisch, e bissi, fäer de hohle Zahn (in Bezug auf Essen)
werden werdde, werre
wessen wemm soi, weem sei
wieder wieddäer, wirrer
wir mir
Wirt Wärt(t), Wäertd
wofür fäer wass/woss, wodefier, wodefäer
wohin wohie(h)
wovon wovonn, von wass
wozu wozuu, wodezuu
Würffel Wärffel, Wörffel
würgen (er)wörsche, die Krotdz erum drehe
Wurm Wormm
Wurst Worscht(d)
Wurzel Worzzel, Woddzsel
wütend zornnisch, bääs

Z

zahlen blesche, latdze, berabbe, hiebläddere
Zahnschmerzen Zahnweh
Zeh Zeh
Zehn zehn, zähj
Zeigefinger Zeischefingäer
zeigen waase (*weisen*), zeische
zerstören gabutt mache
Zigarre Zigga'
Zimmäer Stubb, Buud
zimperlich zimbäerlisch

Zirkus Zärggus
zittern bibbäern
Zopf Zopp
Zottelkopf Zoddelkobb
zuhören zuhäern, Lauschäern uffschberre
zurück zerigg, reeduuä(r)
zusammen zesamme, z'samme
zwei zwaa
Zwiebel Zwiwwel, Zwiebbel
zwinkern blinzsele, midde Aachedeggel blinzsele
zwölf zwellf, zwällf

27337065R00114

Printed in Poland
by Amazon Fulfillment
Poland Sp. z o.o., Wrocław